WESLEY PARA TEÓLOGOS PRINCIPIANTES

William J. Abraham

Traducción: Oscar Aguilar y Will Faircloth

Instituto de Estudios Wesleyanos
www.estudioswesleyanos.org
Contacto: instituto@estudioswesleyanos.org

ISBN: 978-1-955761-03-1

Título original del libro:
Wesley for Armchair Theologians
(Westminster John Knox, 2005)
Arte original: Ron Hill
Versión en español: David Romero M.

Contenido

Prefacio

Este pequeño libro sobre Juan Wesley fue diseñado para ser tanto una contribución al debate sobre su teología como una introducción para el principiante. Ofrezco una perspectiva fresca sobre su teología, pero lo hago de una manera que espero sea interesante para los que por primera vez vienen al campo de los estudios wesleyanos. También intento animar al lector a hacer sus propias reflexiones teológicas hoy. Mi mayor anhelo es que Wesley cobre vida para los que quisieran ser teólogos principiantes, sin pretensiones. Wesley es un amigo muy capaz de hacerles comenzar un maravilloso viaje intelectual en la fe.

Desde el comienzo, confieso mi propia ambivalencia en cuanto a Wesley. En las primeras etapas de mi viaje espiritual e intelectual, Wesley fue clave para mí. Luego de mi conversión en los años de adolescencia, a través del ministerio del pueblo llamado metodista en Irlanda, leía mucho de Wesley. En esa época, no sabía que los escritos de Wesley me debían de aburrir. Cuando estaba en la universidad, una buena biografía de Wesley escrita por John Wesley Bready, *England before and after Wesley* [Inglaterra antes y después de Wesley] (New York: Harper,1938) fue un regalo de Dios durante un verano de trabajo durísimo en una fábrica de cemento en Anglia del Este en Inglaterra.

Cuando comencé mis estudios formales de teología, de repente Wesley estaba muerto para mí. Lo consideré no tanto arcaico, sino surrealista. Pensé que jamás volvería a mi primer amor, aunque los himnos que los primeros metodistas le dieron al mundo son un tesoro espiritual que todavía me hace falta en mi paso de Irlanda a Norteamérica. Felizmente, una vez que estuve con un resfrío terrible, el escuchar unos cassettes "prestados" con unas charlas sobre Wesley dadas por Albert Outler, me ayudó mucho en frenar este viaje en el que me alejaba de Wesley. Sin embargo, Wesley todavía es para mí una figura a la vez cercana y lejana. Claro que es una figura extremamente interesante en la historia del cristianismo, pero no es muy fácil saber cómo considerar su vida y su teología. Por eso, escribo este libro con cierto "temor y temblor."

Es obvio que Wesley tenía una teología distintiva. Espero ofrecer una presentación convincente de esa teología. Mi idea central es que la teología de Wesley es un oasis intelectual dentro de la fe tradicional de la iglesia, resumida en los credos. Esta idea dirige el orden del material que sigue. Comienzo con dos capítulos sobre la vida y el contexto de Wesley en el siglo XVIII. Luego proveo un capítulo que trata de un elemento de la fe clásica de la iglesia, un elemento que es clave para entender la teología de Wesley como un todo. Los cinco capítulos siguientes proveen la médula de su teología. Luego vuelvo a la fe general de la iglesia y trato acerca de un asunto que para mí siempre ha sido una fuente de consuelo y de curiosidad. Espero que el lector encuentre una simetría agradable en esta obra.

William J. Abraham
Dallas, Texas
11 diciembre, 2004

Capítulo 1
OTRA VEZ EN EL CAMINO

UNA AFORTUNADA PELEA FAMILIAR

Juan Wesley comenzó su vida como la feliz consecuencia de una discusión familiar dentro de la casa
pastoral de la iglesia anglicana en Epworth, Inglaterra,
en 1702. Sus padres se habían peleado sobre el asunto
de la oración por el rey actual. Su madre, Susana, se
había negado a decir "amén" al final de las oraciones
familiares por el monarca reinante Guillermo III. Como ella recordó luego, su esposo Samuel "inmediatamente se arrodilló y pidió venganza divina sobre él y
toda su posteridad si me volviera a tocar o viniera a
nuestra cama sin que yo pidiera el perdón de Dios y el
suyo." Así de enojado Samuel se había ido. Cuando
por fin decidió volver, fue concebido Juan. Fue el
decimoquinto en una familia de diecinueve hijos.

Tanto Susana como Samuel fueron formidables a
su manera, y los dos dejaron huella en Juan, quien
nació el 17 de junio del 1703 y vivió hasta el 2 marzo
de 1791. Ellos comenzaron la vida como "disidentes,"

es decir los que rechazaban la visión del cristianismo desarrollada por la iglesia anglicana luego de la reforma protestante. De manera independiente, habían investigado por sí mismos los asuntos teológicos de su época y se habían convertido a la tradición anglicana. Susana era hija de un destacado pastor disidente y había sacado amplio provecho de la biblioteca de él para sus investigaciones. Se convirtió al anglicanismo cuando tenía doce años. Mientras Susana vivió, tuvo una influencia poderosa sobre su hijo, comenzando con una intensa educación en casa, siendo los jueves el día para dedicarse al cuidado espiritual e intelectual de Juan. Samuel Wesley se convirtió al anglicanismo siendo joven, fue a Oxford para sus estudios sacerdotales, logró ser un clérigo de renombre menor y dedicó cuarenta años de su vida a sus feligreses difíciles.

Dado este trasfondo, no sorprende que Juan Wesley fuera sumergido en la iglesia anglicana de su época. Aunque dirigió un movimiento renovador dentro de ella que al final siguió su propio camino, él nunca flaqueó en su propio sentido de lealtad. Amaba fervientemente a la iglesia de Inglaterra, se regocijaba en sus riquezas, lamentaba sus fallas y trabajaba duramente para estimularla hacia una espiritualidad más profunda y un servicio a Dios más eficaz.

Juan Wesley heredó una rica tradición teológica y fue sumergido en sus formas de piedad y ritual. Desde los once años en 1714, hasta que zarpó para Georgia y el "nuevo mundo" en 1735, Wesley pasó gran parte de su vida en varias instituciones educativas anglicanas, primero como estudiante y luego como orador en los campos de lógica e idioma griego. Como "fellow" (socio) del Lincoln College en la Universidad de Oxford, recibía un salario de la Iglesia de Inglaterra hasta que se casó. Estaba totalmente inmerso en las liturgias y las oraciones de la Iglesia, y fue formado en muchas maneras por su gran equilibrio intelectual, su apertura hacia la verdad, su presencia soberbia en la política del país, su belleza lingüística interna, y su grandeza y confianza humildes. Aunque en su época la Universidad de Oxford era poco más que un colegio mezclado con una "escuela de modales" para los jóvenes de la clase alta, Wesley recibió una educación de valor incalculable, primero como estudiante y luego como profesor, y eso le sirvió bien durante toda su carrera. Allí aprendió bien a articular y defender sus ideas aun cuando fueran locas o poco ortodoxas. Cuando de mala gana abandonó la Universidad para trabajar como predicador itinerante, se llevó consigo una abundancia de habilidades y auto-confianza.

Cuando tenía casi cuarenta años, Wesley tendía a subestimar la profundidad de su vida espiritual temprana, pero no hay duda sobre la pureza de su fe. Era un siervo ardiente de Dios, siendo primero sacerdote y luego misionero entusiasta. Cuando se preparaba para su ordenación como diácono en 1725, se dedicó a una vida de santidad. Leía mucho de los libros sobre santidad personal, en toda la gama teológica disponible en su época. Cuando su hermano Carlos y unos amigos comenzaron en Oxford un ministerio de grupos pequeños dedicados al estudio bíblico, la oración, y el servicio al pobre, Juan se unió pronto, convirtiéndose en el líder natural. No tenía miedo ni a los nombres feos ni a la oposición y luego consideró a este experimento con los ministerios de grupos pequeños como el núcleo de sus Sociedades Metodistas. Tal era su compromiso y diligencia que se hizo misionero al Nuevo Mundo. Convenció a su hermano Carlos que le acompañara. Las oraciones personales de Wesley, su obsesión por la disciplina espiritual, su rigor con asuntos de la ley eclesiástica y sus sermones: todo muestra un hombre dedicado a la búsqueda del verdadero cristianismo.

Sin embargo, bajo la superficie Wesley estaba lejos de un equilibrio espiritual. Cuando su padre estaba agonizando el 25 de abril, 1735, le insistía a su hijo a que buscara un encuentro personal verdadero con Dios, a través de la obra del Espíritu Santo. Camino a Georgia, Wesley comenzó a hablar con un grupo de misioneros moravos, cuya fe viva desafió las incertidumbres internas de Wesley. Tan impresionado estaba Wesley con la seguridad de ellos frente a una posible muerte en las tormentas del mar, que se puso a aprender alemán para entender mejor sus secretos espirituales. Se reunía regularmente con los líderes de ellos y cuando estaban de vuelta en Inglaterra, uno de ellos, Pedro Bohler, desafió a Wesley hasta lo más profundo de su ser sobre su fe en Cristo. En Georgia, Wesley trabajaba en el área de Savannah, pero fracasó como misionero. Sus intentos de imponer una visión rigurosa de la vida de la iglesia sobre un grupo mezclado de inmigrantes al final fracasaron. Se enamoró de una de sus feligreses, pero al estilo de muchos solteros irlandeses, titubeó cuando llegó el momento de comprometerse. Cuando Sofía Hopkey se casó con un rival, Wesley le negó la Santa Cena con una justificación muy débil y lo llevaron a un tribunal por su conducta poco ética. Declarando su inocencia y calculando bien la poca probabilidad de recibir un juicio justo, Wesley huyó bajo la oscuridad de la noche y se fue de vuelta hacia Inglaterra en el mes de diciembre de 1737. Estuvo fuera de su país por unos veintidós meses. Regresó como un fracaso en el amor, en el servicio misionero y en su propia búsqueda de una verdadera relación interna con Dios.

SUBIENDO EL CALOR

El año 1738 fue muy importante para Juan Wesley y también para su hermano Carlos. Sigue intenso el debate sobre lo que sucedió en ese año, pero el paso decisivo está seguro. Wesley encontró para si mismo una seguridad inicial del amor de Dios. Le tomó años llegar a una versión estable de sus experiencias espirituales, pero no hay duda de que ardió internamente en su amor por Dios. El agente humano que más que nadie actuó como catalizador de este proceso fue Peter Bohler. Él y Wesley iniciaron juntos una sociedad religiosa en Londres llamada la "Sociedad de Fetter Lane," y así tenían mucho tiempo para hablar entre sí. Bohler introdujo a Wesley en una versión de la vida cristiana que ponía una énfasis enorme en la seguridad interna y personal del perdón y de la victoria sobre el pecado en el aquí y ahora. Decía Bohler que era posible experimentar el amor y poder de Dios como algo tangible, que uno podía entrar en esa experiencia instantáneamente y que era imprescindible hacerlo. Wesley se mostró reacio a aceptar este paquete espiritual, pero lo comparó con las Escrituras, lo pensó bien, escuchó a los testigos pertinentes, mantuvo sus rutinas espirituales como buen anglicano, y, a veces, salía a buscar recursos espirituales en otros pastos.

En medio del desafío que Bohler le presentó, por fin se conectaron los cables, y Wesley se vio lanzado hacia un mundo nuevo de fe. Su hermano Carlos se había convertido tres días antes. El domingo 24 de mayo, luego del culto matutino en la Catedral San Pablo en Londres, (palabras de Wesley):

"En la noche fui de muy mala gana a una sociedad en la Calle de Aldersgate, donde alguien estaba leyendo el prefacio de Lutero a la Epístola a los Romanos. Cerca de un cuarto para las nueve de la noche, mientras él describía el cambio que Dios obra en el corazón a través de la fe en Cristo, yo sentí un extraño ardor en mi corazón. Sentí que confiaba en Cristo, sólo en Cristo para la salvación, y recibí una seguridad de que Él me había quitado todos mis pecados, aun los míos, y me había librado de la ley del pecado y la muerte."

Wesley había conocido a Dios por sí mismo. Pero debemos tener cuidado de cómo interpretamos esta experiencia. Este encuentro con Dios no sucedió en un vacío. Estaba estrechamente relacionado con su comprensión cada vez más clara de la doctrina de la Reforma sobre la justificación por gracia a través de la fe en Jesucristo. En vez de hacer todo lo posible para ser digno de la misericordia de Dios, Wesley descubrió que toda verdadera fe debe dirigirse hacia fuera, hacia la obra que Dios había hecho en Jesucristo para la salvación del mundo. Aquí Wesley pasó de un consentimiento teórico a un consentimiento real de las propuestas teológicas ya programadas en su disco duro intelectual. Wesley volvió de inmediato a todo el material sobre la justificación que tenía disponible en su propia tradición anglicana, en una serie normativa de sermones llamada "Las homilías." El encuentro con Dios en Aldersgate fue mucho más que una cursi experiencia piadosa; sino, fue una profunda reorientación espiritual e intelectual. De un solo golpe, Wesley encontró seguridad en su relación con Dios, conoció la absolución en los tribunales de Dios como la puerta central hacia la santidad verdadera y fue inundado por el celo de compartir con otros lo que había experimentado.

Desde sus días en Oxford en la década de 1730, Wesley había experimentado con nuevas formas de ayudar a las personas a encontrar la fe por sí mismas. Su colaboración con Bohler le llevó a hacer un viaje de estudio entre los moravos en Alemania. Ellos le negaron la Santa Cena y no lo aceptaban como un verdadero creyente. Incluso mientras gateaba en su nuevo mundo espiritual, Wesley tenía buen ojo para las innovaciones eficaces que podrían traer una renovación espiritual a su propia tradición anglicana. A la vez, le fascinaban los reportes que llegaban de Nueva Inglaterra (Norteamérica) sobre el gran despertar religioso alrededor del ministerio de Jonathan Edwards, un intelectual resuelto quien fue sorprendido al ver el Espíritu Santo obrando a través de sus sermones, tan cuidadosamente construidos. Así que, Wesley estaba decifrando su nuevo encuentro con Dios y también estaba luchando para saber cómo mantener juntas la necesidad de formas eficaces de nuevos ministerios y la presencia misteriosa de Dios en el despertar religioso.

Wesley no estaba solo en este viaje hacia Dios y hacia el evangelismo eficaz. Un amigo de sus días en Oxford, Jorge Whitefield, era mucho más radical en cuanto a sus ganas de innovar. Tomando como base las actividades iniciadas en Gales por un laico excepcional llamado Howel Harris, Whitefield había comenzado a predicar al aire libre. Cuando fue llamado de Bristol para ir a Gales, en marzo 1739, le pidió a Wesley que le sustituyera. Luego de echar suertes, Wesley, reacio, se lanzó. El día lunes, 2 de abril (palabras de Wesley):

"A las cuatro de la tarde decidí *ser más vil* y proclamé en los caminos las buenas nuevas de salvación a cerca de 3,000 personas, hablando desde una pequeña ladrillera en un terreno fuera de la ciudad. La Escritura de la cual hablé (¿es posible que alguien ignore que esto se cumple en todo verdadero ministro de Cristo?) fue: *El Espíritu del Señor está sobre mí, por cuanto me ha ungido para dar buenas nuevas a los pobres; me ha enviado a sanar a los quebrantados de corazón; a pregonar libertad a los cautivos; y vista a los ciegos; a poner en libertad a los oprimidos; a predicar el año agradable del Señor.*"

Los miles que le escucharon fueron claramente beneficiados por su prédica y Wesley fue lanzado hacia una nueva fase en su vida y ministerio. El resto de su vida se dedicó a cuidar y organizar al pueblo que lo consideraba un eficaz director espiritual, un predicador sereno pero valiente, y un pensador claro y astuto. Su labor teológica siempre se vinculaba con su llamado primordial hacia el evangelismo y la dirección espiritual. Para 1739 comenzaba a reintegrar todo lo que había aprendido y experimentado en una nueva visión de la tradición cristiana. Se alejó de la alta teología especulativa, sin embargo, cuando se trataba de los asuntos espirituales y teológicos que le importaban a él y a sus seguidores, Wesley era escrupuloso, astuto y decidido. Bien se le recuerda por su genio como administrador y organizador, pero su labor práctica e institucional siempre estaba influenciada por una marcada inteligencia teológica. Fácilmente podemos ver la interacción entre la teoría y la práctica durante sus largos años como líder del pueblo llamado metodista.

DANDO LUZ A UN MOVIMIENTO

El término "metodista" se usó por primera vez en Oxford como un apodo despectivo para la sociedad estudiantil que Wesley había iniciado a principios de las décadas de 1730. Wesley simplemente lo tomó y lo usó de manera positiva para dar nombre al movimiento que surgió bajo su liderazgo. Cualesquiera fueran los orígenes, el nombre dio la impresión correcta porque señalaba una disponibilidad a ser metódico en toda cosa espiritual. Wesley aceptaba a las personas que respondían a su predicación tal y como las encontraba, y formó un juego complejo de prácticas para fomentar su búsqueda de una fe genuina. Clave para su método de trabajo era el reunir estas personas en sociedades, bandas, sociedades selectas y unidades de recuperación, todos verdaderamente eficaces en cuanto a proveer una dirección espiritual informal entre amigos. Estos grupos proveían un espacio para escuchar el evangelio y probar si le resultaba bien a uno. Wesley nada más adaptaba algunos de los modelos disponibles, o si no, inventaba las reglas en el camino. Desde temprano aprendió la necesidad de escuchar consejos de toda parte. A pesar de esto, era un "dictador benigno" en cuanto a su estilo de liderazgo. Esta combinación de consultas cuidadosas, lectura voraz, e independencia de juicio le sirvieron bien a lo largo de los años.

Durante cinco largas décadas, Wesley viajó por Inglaterra, Irlanda y Escocia para asegurar el bienestar de la gente que voluntariamente se unió con él en servicio y fe. Claro que Wesley se desarrolló y cambió durante ese periodo. Le gustaba considerarse como consistente, pero esto se debía en parte a un autoengaño natural y, por otra parte, a la necesidad de responder a los críticos que decían que cambiaba de opinión sin admitirlo en público.

Durante las décadas de 1740 y 1750, Wesley pasaba su tiempo predicando el evangelio y desarrollando los recursos necesarios para suplir las necesidades espirituales y materiales de los que venían a él por ayuda. Fue un periodo de organización, de persecución (hasta por chusmas), de conflicto teológico, de auto-defensa intelectual y de una consolidación teológica fundamental. Rompiendo la regla sobre el no interferir en la parroquia de otro sacerdote, Wesley se otorgó una dispensa especial como académico de Oxford de tratar al mundo como su parroquia. Cuando en Bristol hubo una polémica sobre su predicación fuera de las fronteras de la parroquia, Wesley se reunió con el famoso Obispo Butler. Se marcharon sin que alguno cediera ni un centímetro. A Wesley le interesaba más llegar a la muchedumbre (a veces maliciosa, siempre amante de las diversiones), que acatar las objeciones de un obispo que ponía el buen orden antes del ministerio eficaz. Siempre en la actitud de Wesley había un toque de "arrogancia".

También hubo un grado de arrogancia intelectual en su decisión de ir a la guerra con Jorge Whitefield sobre la diferencia entre sus actitudes hacia la predestinación. Wesley detestaba la idea de que Dios simplemente escogió incondicionalmente a algunos para la salvación y a otros para la perdición. Es una cuestión abierta si Whitefield se aferró a esta versión del calvinismo. El encuentro entre los dos nos recuerda de los académicos modernos que quieren llevarse bien con los colegas en la otra oficina, aunque tengan opiniones opuestas, pero cuya certeza intelectual y satisfacción propia no lo permiten. Entonces, hacen públicos sus ataques y luego hacen lo que pueden para hacer las paces. La forma en que Wesley enfrentaba las críticas desde adentro de la iglesia anglicana no era menos cierta ni implacable. En 1742 y 1743 publicó una serie de *"Llamados fervientes a personas razonables y religiosas"*, donde argüía que no estaba fuera de los límites de la tradición de la Iglesia de Inglaterra. Estos escritos, junto con *"Los principios de un metodista, mejor explicados"* (1745) y *"Breve historia del pueblo llamado metodista"* (1748) y varias colecciones de sermones, le dieron al nuevo movimiento los conceptos teológicos e ideas de fondo necesarios para el éxito a largo plazo.

Conforme crecía el interés por una religión más personal, varios voluntarios le ofrecieron ayuda a Wesley. Él juntó a este grupo importante de colegas, cuidadosamente llamados "asistentes", en las llamadas "conferencias anuales," donde discutían sus ideas y prácticas. Dividieron el trabajo en "circuitos" e inventaron nuevas formas para el culto. Para finales de la década de 1740, los metodistas tenían sus propias reuniones para predicación, exhortación y cantos. Carlos Wesley les dio un medio de gracia importante en forma de sus himnos y se capacitaron predicadores laicos para satisfacer la creciente demanda. Wesley se adueñó de una escuela, la Escuela Kingswood, y desarrolló un currículum que era muy exigente tanto intelectual como espiritualmente.

DÁNDOLES DE COMER A LAS OVEJAS

A principios de la década de 1750, Wesley ya había establecido un orden evangélico dentro de la Iglesia de Inglaterra. Siempre deseoso de proveer alimento intelectual para sus líderes y seguidores, publicó *Una biblioteca cristiana: extractos y resúmenes* en cincuenta tomos entre 1749 y 1755. Estos tomos pusieron a disposición todo un cuerpo de materiales teológicos útiles que antes se usaba poco. En el frente doméstico, una vez más titubeó en cuanto a su vida amorosa. Le gustaba una joven viuda llamada Grace Murray, quien era una buena compañera de trabajo. Su hermano Carlos intervino impetuosamente e hizo que Grace se casara con otro. Juan llegó apenas media hora tarde para la ceremonia. Se recuperó de este golpe devastador y de paso tomó la decisión catastrófica de hacerse pareja de la Sra. Molly Vazeille, una viuda de cuarenta y un años y con cierto linaje hugonote. Esta decisión le obligó a dejar su estado de socio en Oxford en 1751, quitándole así, de una vez y para siempre, la defensa de su predicación en las parroquias de otros sacerdotes. A la larga, el matrimonio se convirtió en un desastre.

Una de las razones del fracaso de Wesley como esposo fue su decisión de viajar y velar por los asuntos laborales. Uno de esos asuntos era enfrentarse con disidentes y cismáticos. Dada la inevitable insatisfacción de algunos de sus nuevos conversos con la fría recepción de parte de la Iglesia Anglicana, no sorprende que algunos quisieran separarse y caminar solos. Wesley era riguroso en rechazar cualquier separación de la iglesia madre. Esta no fue la última vez que él tendría que reaccionar fuertemente sobre este asunto, uno que lo llevaría a acciones drásticas unos treinta años después. En el año 1758 publicó *Razones en contra de la Separación de la Iglesia de Inglaterra* para explicar su reacción tan fuerte.

Dada esta tensión interna, Wesley necesitaba de no solo una disciplina de hierro, sino también una visión accesible de la teología positiva que guiaba el movimiento del cual él era líder. Un encuentro con la muerte le ayudó a concentrarse en este asunto. Mientras estaba enfermo en cama, comenzó a escribir. En 1755 publicó sus *Notas al Nuevo Testamento*, un libro pequeño que, junto con sus *Sermones para varias ocasiones*, se convirtió en su propia versión autorizada de lo esencial de la verdadera religión. En 1760 se publicó el cuarto tomo de sus *Sermones*. Hasta el día de hoy estos cuatro tomos son lectura obligatoria para todo predicador metodista en Inglaterra.

Una vez colocado este material, el "efecto dominó" era de esperarse. Por un lado, Wesley tenía que enfrentar las críticas internas que decían que su posición era demasiado mansa en cuanto a su teología. Interesantemente, algunos de sus críticos dentro del metodismo decían haber experimentado sueños, impresiones, visiones, sanidades y cosas similares, que luego aparecerían entre una línea de los "nietos" de Wesley, es decir los pentecostales. A principios de la década de 1760 Wesley se enfrentó a personas impulsivas, que decían que él subestimaba el nivel de santidad que podemos lograr. Dada la perfección que ellos habían logrado, decían que solo ellos tenían acceso a la verdad sobre Dios y, por eso, se separaron. Dada la comprensión perfecta que tenían tales personas, también decían saber cuándo volvería Cristo y por eso se metieron en el negocio de las predicciones. Wesley tenía una tolerancia asombrosa frente a toda esa majadería, pero a final de cuentas los echó. Estaba convencido de que hacía falta tanto la mano de una dama como el corazón de un león. Siendo siempre un predicador con un ojo para la buena ocasión, una vez llegó donde un grupo que estaba reunido esperando el regreso de Cristo y les predicó un sermón titulado "Prepárese para encarar a su Dios", tal vez con la esperanza de que volvieran a la cordura. Una de estas personas impulsivas, Jorge Bell, fue llevado a la cárcel por tener reuniones en una casa sin permiso y luego perdió su fe. El otro alborotador, Thomas Maxfield, se independizó con unos cien seguidores, pero la mayoría de los que se marcharon luego volvieron al metodismo.

Por otro lado, Wesley enfrentaba oposición de sus colegas calvinistas dentro del avivamiento. Durante un tiempo, estaba deseoso de tener un frente unido para renovación y reforma. En 1764 lanzó un llamado a la unión, esperando que todos los involucrados en el avivamiento encontraran juntos el camino hacia adelante. De los cincuenta invitados, respondieron tres. Algunos rechazaron su invitación porque él se entrometía en asuntos de las parroquias de ellos; otros, porque creían que a él le faltaba una teología sólida. Sus publicaciones más importantes en esta época, más que todo *Un estudio acerca de la perfección cristiana* (1766), no le quitaron el miedo a esos críticos. Pero Wesley verdaderamente quería colaborar con los calvinistas, a tal extremo que en 1768 ayudó en la inauguración del Trevecka College (universidad) en Gales. Había problemas en esa institución desde el inicio y las diferencias teológicas pronto acabaron con la colaboración. Veinte años después, el College se trasladó a la ciudad de Cambridge y el nombre pasó a ser Cheshunt College. Fue clausurado en 1969 y sus bienes se pasaron al Westminster College en Cambridge.

Existe la sospecha de que los intentos de Wesley para buscar la unidad con otros líderes del avivamiento, no fueron promovidos por su disposición a usar la señora Sarah Crosby en 1761 como una "exhortadora" en vez de predicadora. Esto suena como una distinción que no aprecia diferencias. Un erudito popular de la época una vez describió a las mujeres predicadoras como perros que caminaban sobre las patas traseras. Ni tampoco le ayudaban a Wesley sus experimentos con títulos de propiedad en 1763, el año en que sus *Sermones* y sus *Notas al Nuevo Testamento* fueron aprobados como normas doctrinales para dirigir la predicación metodista. En otras palabras, mientras Wesley trabajaba por la unidad, también estaba consolidando la identidad teológica, las bienes raíces y las prácticas de su propio movimiento. Seguro a muchos les parecía que Wesley estaba levantando su propia secta dentro de la Iglesia Anglicana y que era demasiado independiente como para confiar en sus ideas. De hecho, debido al gran número de personas que llegaron para comulgar, Wesley contrató a un obispo ortodoxo poco conocido, llamado Erasmo, para ordenar a uno de sus asistentes. Esto fue un acto extremamente extraño. Con el paso del tiempo, Wesley abandonó esta manera de buscar credenciales y volvió, por el momento, a la verdadera manera de la Iglesia de Inglaterra.

A final de cuentas, Wesley no pudo prevenir que la polémica con los calvinistas alcanzara un punto crítico. Se esforzó por satisfacer a sus opositores calvinistas, hasta tal punto que admitió la idea de que Dios podría escoger, irresistiblemente, a algunas almas selectas para la salvación. Siempre intentaba mantener la boca cerrada y no fomentar divisiones. Mientras vivía Jorge Whitefield, había esperanza de evitar una guerra teológica. Sin embargo, Whitefield murió el 30 de septiembre, 1770, en Boston (EE.UU.). Wesley dio un buen panegírico en su honor el 18 de noviembre en Londres. Algunos opositores se quejaron de la presentación de Whitefield que dio Wesley. Estaba listo un choque teológico y, cuando por fin se dio, ninguna de las partes quería salir de la escena del accidente.

Se desató el mismo infierno luego de la publicación de las *Actas* de la conferencia metodista de 1770, donde se habló abiertamente de las buenas obras como indirectamente necesarias para la salvación. Los calvinistas lo tomaron como un intento de diluir la acción de Dios en la salvación. El debate, guiado del lado metodista por John Fletcher, duró durante buena parte de la década de 1770 y al final se había marcado una línea en la arena. El rumbo de Wesley se había fijado. Ya no iba a trabajar con el calvinismo porque este menospreciaba la motivación hacia la santidad en la vida cristiana y porque iba en contra de su convicción central de que la cualidad primordial de Dios era su amor inquebrantable para todos. En 1778 publicó la *Revista Arminiana*. Con el paso del tiempo, la mayoría de los protagonistas hicieron las paces, pero ya no había posibilidad de ninguna unión. Wesley hubiera querido que las diferencias se enterraran bajo un compromiso compartido hacia las Escrituras y las doctrinas anglicanas oficiales, pero los dos lados eran demasiado apasionados en cuanto a su actitud sobre la verdad como para que ese deseo se cumpliera.

PONIENDO A LOS NORTEAMERICANOS EN SU LUGAR

Mientras tanto, el metodismo crecía como hierba, incluso en el Nuevo Mundo. Lo habían traído unos metodistas irlandeses en los 1760, con refuerzos ingleses enviados a principios de la década de 1770. Richard Boardman y Joseph Pilmore se habían ido a trabajar a Norteamérica en 1769 y el gran futuro líder Francis Asbury zarpó en 1771. Del 14 al 16 de julio de 1773, la primera conferencia metodista tuvo lugar en Filadelfia. La Guerra de Independencia Americana comenzó en 1775 y la Declaración de Independencia se firmó el 4 de julio, 1776. Estos sucesos cayeron como una bomba en todo el ambiente eclesial. La consecuencia directa para los metodistas es que ya no tenían acceso a los sacramentos, dado que la mayoría del clero ordenando anglicano había huido.

La ausencia de los sacramentos le provocó a Wesley un fuerte dolor de cabeza práctico, dado que el metodismo dependía muchísimo de los recursos provistos por la Iglesia Anglicana. Wesley se esforzó por convencer al obispo de Londres de ordenar algunos de sus ayudantes, pero el obispo se negó. Dijo Wesley que el obispo, "vio bien ordenar y enviar a Estados Unidos, otras personas, que sabían algo de griego y latín, pero que no sabían más de salvar almas, que de cazar ballenas". No era de ayuda el hecho de que Wesley tenía poca simpatía hacia los rebeldes norteamericanos. A principios de la década de 1780, el peligro de que los metodistas americanos inventaran sus propios recursos espirituales llegó a su clímax.

El año 1784 fue crítico. Wesley tenía que solucionar los fuertes problemas pastorales e institucionales que le enfrentaban. El resultado fue, desde la perspectiva intelectual y teológica, un caos total, pero no lo fue desde la perspectiva práctica. Wesley logró proveer recursos efectivos de supervivencia y de transición tanto para Inglaterra como para Norteamérica. Para el lado inglés del movimiento, promulgó una "Acta de Declaración" que hizo de las conferencias un ente legal. Nombró a los "cien predicadores legales" como el ente legislativo supremo para legislar después de su muerte. Fácilmente podemos imaginar todas las maniobras y los celos que se dieron durante los intentos de conseguir un puesto en ese organismo. Aún así Wesley logró que los metodistas se quedaran dentro de la Iglesia Anglicana, por lo menos a corto plazo.

Para el lado americano del movimiento, sin embargo, él hizo dos cosas que dejan claro que estaba haciendo una nueva iglesia. Ordenó a dos de sus asistentes para administrar los sacramentos y mandó a un tercero, Thomas Coke, a ser superintendente junto con Francis Asbury. A Carlos Wesley le dio un ataque teológico cuando lo supo; Juan había discutido el asunto con un grupo de líderes en la conferencia en Leeds, pero nunca consultó con Carlos. Tampoco vio bien Carlos el hecho de que Coke y Asbury habían sido nombrados como "obispos". Wesley también mandó a América una versión modificada del *Libro de Oración Común* (anglicano). Dentro de este, Wesley recortó los Treinta y Nueve Artículos de Fe a ser solo veinticuatro. Al ordenar y proveer a sus seguidores norteamericanos con recursos oficiales, Wesley había cruzado una línea e inventado una nueva denominación cristiana.

Juan Wesley vivió unos siete años más. Siguió adelante como un adicto al trabajo, predicando hasta el punto que tenían que mantenerlo parado en el púlpito. Su matrimonio había fracasado durante la década de 1760, un hecho que fue ocultado en parte por sus constantes viajes. Su esposa murió en 1781, pero Wesley no pudo llegar al funeral. Su amado hermano Carlos murió en 1788. Wesley trabajó hasta el final para mejorar el mundo, fundando en 1786 la sociedad "Amigos de los Desconocidos" para ayudar a los desconocidos en las ciudades, y apelando el caso en contra de la esclavitud por medio de una carta famosa a William Wilberforce en 1791. En 1786 aprobó un plan para misiones en otros países, algo que antes había rechazado debido a una falta de recursos. En 1787 le dio la bienvenida a Sarah Mallet como predicadora de la conexión. Ella fue la primera predicadora oficialmente reconocida por el metodismo.

Juan Wesley murió el 2 de marzo del 1791, rodeado de queridos amigos y nerviosos aliados que se aseguraron de que hubiera un registro claro de sus últimos deseos y palabras. Nadie quería problemas ni enredos con los arreglos que se habían hecho para el futuro del metodismo. Fue enterrado en la Capilla de City Road, Londres, el "Vaticano del metodismo," el día 10 de marzo. Desde los treinta y seis años Wesley había recorrido más de 350.000 kilómetros y predicado más de 40.000 sermones a más de 20.000 personas. Ahora por fin se había acabado su labor en la tierra. Ya no estaría más "en el camino".

Capítulo 2
MÚSICA DE FONDO

ALTERANDO EL RETRATO TÍPICO

La vida de Juan Wesley fue una de alboroto y de logros extraordinarios. Intentando arreglar la iglesia que amaba, terminó fundando un movimiento de renovación que al final se convirtió en las varias ramas del metodismo. Dada la imagen de Wesley como un gran organizador y líder espiritual, es fácil descartarlo como una figura teológica no importante. Comparado con otros grandes teólogos del pasado, Wesley es de poca monta. Ciertamente, Wesley es diferente del teólogo típico que intenta dar una explicación ordenada de las creencias cristianas. Si lo juzgamos con ese criterio, no le va muy bien. Por esa razón se ha ganado cierta fama no como un teólogo sistemático, sino como uno "del pueblo."

Nuestro deseo, sin embargo, es reconocerlo justamente y no tanto darle su lugar en la historia. Si vamos a ser justos a su trabajo, debemos hacer dos cosas en este momento. Primero, debemos notar con cuidado el contexto más amplio en el cual trabajaba. Muchas investigaciones actuales han fallado en este punto. Como resultado, no se ha entendido el tono general del trabajo de Wesley, y se han malinterpretado los asuntos particulares que él desarrolló. Si no escuchamos bien la música de fondo, tendemos a escuchar mal las melodías particulares de Wesley. Segundo, debemos notar los momentos teológicos claves en su carrera como un todo. Aquí vamos más allá de la historia de su vida que ya hemos visto, e identificamos aquellos momentos que muestran sus más profundos intereses y preocupaciones teológicos. Vamos a ver cómo estos combinan bien con la situación de fondo.

Al principio debemos alterar la típica historia de fondo. La típica historia de fondo de Wesley es así: Se nos dice que Wesley aparece en la historia durante un periodo en Europa moderna conocido como la "Ilustración." Los grandes eruditos de esa época poco a poco iban desechando el sistema de autoridad que había sido tan clave para la Edad Media. Este proceso de liberación había comenzado con la Reforma Protestante, cuando Martín Lutero y Juan Calvino rompieron con la Iglesia Católica Romana. Ellos abrieron un espacio intelectual y político para la libertad de pensamiento, y así abrieron paso para una ruptura inevitable con la cultura cristiana. Era esa ruptura con el pasado cristiano que nos lleva a una primavera de luz, después del invierno de oscuridad y corrupción. Sin darse cuenta totalmente de lo que hacían, los grandes reformistas estaban cavando sus tumbas. Pusieron en acción un proceso de revisión que al final minó sus propios cimientos. Como resultado, los del Occidente ahora estamos comprometidos con la razón por encima de la revelación, la duda por encima de la fe, libertad de pensamiento por encima de la autoridad, la experiencia por encima de la tradición, la tolerancia por encima de la coerción, la convicción personal por encima de la coerción de la comunidad, y a la ciencia por encima de la teología. En el corazón de la época moderna está esta certeza: Ya no tenemos miedo de pensar por nosotros mismos, y nadie más jamás nos dirá qué pensar y qué hacer. Es esta revolución, según se dice, que estaba bien en marcha en el siglo XVIII y que provee el trasfondo clave de Wesley.

Colocado sobre esta tela de fondo, Wesley a veces es visto de la manera siguiente: Es un gran exponente de la religión personal, manteniéndose fiel hasta que encontró por si mismo a Dios en la famosa reunión en Aldersgate. Es el gran campeón de la innovación creativa, rompiendo las cadenas de su tradición anglicana para alcanzar a aquellos que son pisoteados por la religión establecida. Aunque lee sin saciarse y la historia le fascina, él piensa por si mismo y escribe con un vocabulario claro y con una alta auto-confianza. Cuando hay que decidir entre las demandas del statu quo político y las necesidades de los pobres y marginados, Wesley siempre va con estos últimos, luchando contra las grandes batallones del negocio y los intereses creados. En su corazón es un hombre de razón y experiencia, similar a Juan Locke en su filosofía y en su búsqueda de una manera de expresar la fe cristiana que esté al tanto con el mundo intelectual actual. Aunque es tradicionalista en cuanto al culto, reconoce que la moda cambia y que por eso es urgente que la liturgia y el evangelismo se actualicen. Es una tormenta de energía, organizando programas de auto-ayuda que satisfacen las necesidades actuales y proveyendo estructuras que fomentan el liderazgo local y la eficacia entre las generaciones.

Claro, si vamos a creer a este retrato de Wesley tenemos que suavizar un poco nuestro entusiasmo. Porque Wesley también cree en los fantasmas y los milagros. En lo político, es un gran campeón de la unión del trono, el altar, y el parlamento. A veces es un poco inocente, demasiado dado a echar suertes para decidir algún asunto, o a poner el dedo sobre la Biblia al azar para buscar dirección. En el fondo es un dictador cuando se trata de las decisiones finales que hay que tomar. Y cuando le conviene es imprudente en destruir el buen orden de la iglesia. Sin embargo, ¿qué más debemos esperar de alguien rodeado por la revolución intelectual, espiritual, y política que llamamos la modernidad? Fueran lo que sean los defectos y debilidades de Wesley, está al lado de los ángeles. Es el campeón de la libertad, la tolerancia, la conciencia, la experiencia, y la razón.

En algún momento entre los siglos XVI y XX hubo una revolución masiva en el mundo occidental. No importa si decimos que fue la llegada de la modernidad o la Ilustración. Sucedió, y no hay vuelta atrás. Sin embargo, debemos estar alertas al analizar este cambio y el horario en que sucedió. Una vez que cambiamos el horario, cambiamos también nuestro retrato de Wesley. Los datos esenciales que hay que tomar en cuenta son los siguientes.

DOCTRINAS OFICIALES POR DOQUIER

Primero, Wesley vivía en un mundo donde había un estado político confesional. Para ser una persona de peso en la política, o para subir los peldaños de la alta sociedad inglesa, uno tenía que creer en la Trinidad y ser parte de la clase dirigente anglicana. En realidad, los teólogos y políticos ingleses habían tomado los temas de la Ilustración, temas como la razón y la experiencia, y los usaron para fortalecer los cimientos del statu quo. Esto no debe de sorprender, porque ellos habían visto los resultados desastrosos de la sangrienta revolución del siglo XVII. Ellos habían visto el asesinato de su rey y la toma de control del país por parte de unos fanáticos pietistas. Se restauró la monarquía durante los 1660, se reconstruyó la estructura anglicana, y los puritanos fueron puestos en su lugar subordinado. Durante los 1690, Inglaterra pasó por otra crisis política, esta vez de parte de los católicos, y los líderes ingleses deportaron a los católicos a Francia e instalaron al rey protestante Guillermo de Orange. Así que, con base en algunas experiencias duras, la clase política inglesa había formado una visión teológica del estado que requería la creencia en un credo específico como costo de entrada. Para decirlo en otra forma, uno podía ser político solo si antes había sido "entrenado para la casa." Los puritanos y los católicos habían demostrado ser inestables, violentos y de poca confianza. El único remedio para este problema no fue un estado secular, sino un estado confesional que impondría ciertos requisitos teológicos básicos. Uno tenía que adherirse a la Trinidad para ser juez o miembro del Parlamento.

En segundo lugar, también había un costo de inscripción para trabajar en la iglesia: aceptar las prácticas y creencias oficiales de la Iglesia de Inglaterra. Estas estaban enumeradas en una lista de los Treinta y Nueve Artículos que todo sacerdote tenía que aceptar como un juramento. Cierto, la aplicación era un poco floja a veces. También, los cleros siempre podían afirmar los artículos aun con ciertas reservaciones mentales, y ¿quién, aparte de Dios, podría saber lo que ellos creían en sus corazones? Sin embargo, el compromiso con los Treinta y Nueve Artículos era algo bien serio.

La prueba de tal seriedad nos lleva a un tercer factor. A finales de los 1830, John Henry Newman, el más grande teólogo de su época, fue juzgado en la Universidad de Oxford bajo acusación de haber dicho que los Artículos se podrían interpretar de tal manera que corresponderían con las enseñanzas de la Iglesia Católica Romana. Al final fue liberado por unos puntos técnicos, pero los fiscales eran unos grandes eruditos y tomaban bien en serio las acusaciones. Treinta años después, algunos excelentes sacerdotes jóvenes estaban dejando sus puestos académicos porque ya no podían adherirse al credo oficial de la Iglesia Anglicana. Este fue unos cien años después de Wesley. En su época, Wesley vivió y murió en una iglesia que tenía parámetros doctrinales muy claros y ejecutables. Él trabajó para una iglesia que era abiertamente confesional en su espíritu y su práctica. Esta misma iglesia era la dueña de las únicas universidades en esa época, la Oxford y la Cambridge. Así que, Wesley fue el producto de un sistema universitario que tenía una orientación confesional abierta.

En cuarto lugar, la época de Wesley era profundamente cristiana en cuanto a su orientación intelectual. La imagen de un mundo secular libertino, impulsado por la ciencia y la razón, y guiado por buenos escépticos y no-creyentes – esta imagen es simplemente falsa. Al contrario, una red de "pesos pesados intelectuales," una vez que habían derrotado a la oposición, también defendían la fe cristiana en público con gran capacidad y éxito. El desafío a la ortodoxia había llegado a los niveles más altos de la sociedad inglesa a finales del siglo XVII. Una red de impresionantes eruditos antitrinitarios habían cuestionado las doctrinas de la Encarnación y la Trinidad. Entre estos opositores se encontraban a personas tan famosas como John Locke y Isaac Newton. Interesantemente, estos pensadores eran muy conservadores en cuanto a su perspectiva de las Escrituras, y las escudriñaban durante años en pos de la verdad. Con el paso del tiempo, llegaron a rechazar la Trinidad y se convirtieron en deístas o, como fue en el caso de John Locke, se quedaron dentro de sus casas con la boca cerrada. La amenaza que existía para la Iglesia de Inglaterra era enorme. Pero fue resistida por un pequeño ejército de intelectuales cristianos quienes ganaron el debate. Destacado entre ellos estaba el obispo Joseph Butler, cuya obra *La analogía de la religión* demostró que los mismos argumentos usados en contra del cristianismo ortodoxo también se podrían usar para atacar la teología reducida de los opositores. Así que, los críticos de la fe de la Iglesia Anglicana tenían que dar un paso más hacia el ateísmo, o volverse al refugio de la ortodoxia. Los críticos se mantuvieron firmes, pero ya estaban entre la espada y la pared. Butler y sus compañeros habían protegido con éxito la gran fortaleza de la ortodoxia en el ruedo público.

Era este mundo de fe el que Wesley habitaba. Fue apoyado en cada nivel de su trabajo. El estado, la iglesia, las universidades y las grandes figuras intelectuales de su época le daban toda una red de ideas y prácticas, sin las cuales hubiera estado totalmente limitado. Pocas veces Wesley reconoció esta ayuda; como muchos reformadores el tenía mejor ojo para lo que andaba mal que para lo que andaba bien. Estaba tan preocupado con el problema del deterioro de la madera del púlpito que se le olvidaba cuán buenos eran los cimientos. Estaba tan preocupado por los brazos rotos de sus pacientes que no prestaba atención a cuán bien podían caminar. Estaba tan metido en colocar más trenes en la red férrea que ignoraba su profunda dependencia en la red de vías y estaciones que había. Estaba tan enfocado en su trompeta y la melodía que tocaba que menospreciaba el ritmo fijo de la gran batería en el fondo de la orquesta. La vida y pensamiento de Wesley dependían extremamente de los compromisos del Estado, los requisitos de la Iglesia de Inglaterra, las posiciones teológicas de las universidades, y lo eficaz del trabajo elaborado por gran cantidad de eruditos y escritores. Su don era darse cuenta de que todo esto en si no era suficiente para asegurar el bienestar espiritual del pueblo. La iglesia también debía ser una tutora eficaz en la vida espiritual de la gente; debía encontrar las maneras para que el amor de Dios llegara a los corazones y vidas de sus miembros. Fue aquí donde Wesley levantó su tienda y comenzó a trabajar.

CINCO HITOS EN EL VIAJE INTELECTUAL DE WESLEY

Aquí conviene volver a la vida de Wesley y verla desde otro ángulo. Fácilmente identificamos cinco hitos teológicos a lo largo de su carrera. El primero se dio cerca del año 1725 cuando Wesley desarrolló una pasión por la santidad. Al leer a teólogos como Jeremy Taylor y William Law, Wesley fue convencido de que la santidad de corazón y vida es el corazón del cristianismo. Le atraía mucho una visión del evangelio que ponía énfasis en la transformación personal. El cristianismo, según esta perspectiva, es algo ineludiblemente interno y espiritual. El evangelio transforma las personas desde adentro hacia fuera y pone al mundo en la posición correcta. Hasta el día de su muerte, este era el tema central de la vida y el ministerio de Wesley. Le empujó hacia la ordenación y hacia una búsqueda implacable de la auténtica espiritualidad.

El segundo hito fue su experiencia en Aldersgate en 1738. Estando inmerso en la tradición anglicana del tiempo, Wesley volvió a descubrir los efectos explosivos de la doctrina de la justificación según enseñaban los Reformadores. En particular, se dio cuenta de que no podía haber un crecimiento profundo en santidad si no se enfrentaba de manera radical su propio problema del pecado y fracaso. Este problema no podría solucionarse con una simple combinación de fe y obras, algo que Wesley ya había intentado lo mejor posible. Sin el perdón de los pecados, no había camino para ser libre del cautiverio del pasado. Es decir, la libertad para convertirnos en todo lo que Dios quiere que seamos no es posible hasta que seamos liberados del peso del pasado. Este re-descubrimiento de la justificación por la gracia a través de la fe le trajo a Wesley el alivio que buscaba en este ámbito.

Este descubrimiento intelectual libertador fue acompañado por la percepción teológica radicalmente nueva que le fue dada por sus amigos moravos, una que no estaba muy disponible dentro del anglicanismo. La idea era que la fe no es simplemente la aprobación de algunas ideas teológicas abstractas, ni tampoco es una confianza fiable en la muerte de Jesús para quitar los pecados, sino que la fe también es una experiencia directa con Dios a través del Espíritu Santo que trae al corazón una conciencia del amor de Dios y que libra una nueva energía moral para tener victoria verdadera sobre el pecado en el aquí y ahora. En esta línea, Wesley se topó con la doctrina de la seguridad a través del trabajo del Espíritu Santo en su corazón. Más importante aún, llegó a experimentar el amor de Dios para si mismo. Ya había un fuego adentro que quemaba todo su sentimiento anterior de fracaso, y que alimentaba un nuevo sentido de Dios. Ahora podía retomar su antigua labor misionera con una nueva perspectiva y un nuevo flujo de energía inagotable.

El tercer hito teológico ocurrió en el año 1764. Fue marcado por la adopción de los *Sermones en Varias Ocasiones* y las *Notas al Nuevo Testamento* como las doctrinas oficiales del movimiento que Wesley estableció para formar la gente en la fe. En estos documentos, Wesley puso delante del público lo esencial, según él, de la verdadera religión. Mientras continuaba escribiendo sermones y publicando una gran variedad de materiales, los *Sermones* y las *Notas* siguen siendo documentos claves para entender el núcleo de su teología. Claro, es importante que los historiadores veamos todas las escrituras de Wesley durante toda su vida. Aun cuando leemos los sermones individuales contenidos en el tomo de *Sermones*, nos conviene ver donde él cambió y modificó con el paso del tiempo. Pero es un error grave pasar por alto el hecho de que Wesley escogió un grupo selecto de textos que representaba el núcleo de su teología. Ante todo, Wesley era un evangelista y director espiritual. Se daba cuenta de que la gente promedia jamás iba a leer todo lo que él escribía. Su población meta necesitaba un resumen sustancioso de los asuntos centrales, que podían digerir en no mucho tiempo. Un juego de sermones y un comentario bien satisfacían esta necesidad, porque guiaban al lector al manantial de las Escrituras y eran fáciles de leer por partes y contemplar al gusto.

Este juego de escrituras que Wesley escogió para ser "canónicas" tenía un enfoque claro: a saber, nuestra búsqueda de Dios, o mejor dicho, la búsqueda de Dios de las almas perdidas. La clara preocupación de Wesley era ayudar a la gente a formarse en la fe. Explicaba los conceptos doctrinales claves que había que entender. Proveía percepción psicológica y comentarios relevantes para que la gente supiera en que punto estaban en el camino de fe. Les aclaraba dudas y le restaba atractivo/encanto intelectual a las alternativas fatales. Describía el contenido moral de la fe y el comportamiento apropiado. Señalaba la relación correcta entre la ley y el evangelio, entre la fe y las obras, entre la predestinación y el libre albedrío, y entre la justificación y la santificación. Sabiendo que todos pecamos de manera diferente, se enfrentaba directamente con las diferentes clases de tentación que afectaban a los que estaban bajo su cuidado.

Su estilo es fuerte y sensible, claro y organizado con eficiencia. Wesley advierte, anima, exhorta, arguye, y amenaza. A veces se hace el abogado y experto en lógica, atrapando al lector y guiándolo hacia el camino correcto. Otras veces se hace el amante y amigo, suavemente llevando al converso tartamudo a una cena fina, como en una primera cita. Otras veces se hace el general de ejército, movilizando su movimiento para reformar la nación, especialmente la iglesia, y para extender la santidad bíblica sobre la tierra. Hasta el final era un padre en Dios, ayudando a sus hijos y colegas espirituales a mantenerse firmes y mantener viva por siempre la llama del amor.

El cuarto hito teológico fue la publicación de las "Actas de la Conferencia" de 1770. Con este material, Wesley dejó las cosas claras con sus críticos calvinistas. Por un lado, se negaba a huir de las buenas obras como centrales para la salvación. Cualquier mención de la frase "salvación por obras" era totalmente inaceptable para los protestantes firmes de la época. En la superficie, hablar de salvación por obras ponía en duda lo profundo del pecado del ser humano, restaba importancia a la suficiencia de la obra de Cristo, y parecía abrir la puerta a los sistemas de mérito delante de Dios. Para Wesley, si la salvación incluía la santidad, entonces en cierto sentido las obras eran esenciales. Así que, su compromiso fundamental con la transformación moral hacia inevitable un énfasis en las obras.

Por otro lado, Wesley sentía que el rechazo de las buenas obras era fruto de una visión de la predestinación que era un desastre en todo sentido. La doctrina calvinista básica de la predestinación no dejaba casi ningún campo para la voluntad humana de actuar (el albedrío). Enfatizar las buenas obras humanas ponía en peligro los cimientos de esta posición. Por su parte, Wesley creía que la predestinación, si no se entiende de manera correcta, era una forma de blasfemia porque arrojaba una sombra terrible sobre el amor de Dios para todo el mundo. Así que, su actitud favorable hacia las buenas obras era la expresión positiva de su firme oposición contra la visión calvinista de la predestinación. Detrás de estas dos ideas había una visión de Dios como gracia, generosidad, y bondad sin igual, una visión que era clave para su concepto del evangelio. Según Wesley, Dios ama a cada una de las criaturas que ha hecho, y por gracia cada agente humano puede experimentar el lavado de sus pecados para llegar a vivir en el amor de Dios en el mundo. Por eso, la publicación del documento de las *Actas* en 1770 sobresale en su carrera pública como un hito.

El quinto y último hito ocurrió en el año 1784, y fue marcado por la decisión de Wesley de proveer recursos para la inauguración de una nueva iglesia en Norteamérica. Esta decisión viene de su compromiso primordial de velar por el bienestar de su pueblo. No soportaba ver a sus ovejas caminando sin los campos, los pastores, y las cercas necesarios. Sin embargo, lo importante aquí no es solo la decisión radical de levantar una nueva denominación, sino las provisiones teológicas que Wesley dio para su bienestar futuro. El elemento clave en esta decisión fue proveer un juego robusto de artículos de fe que servirían como las doctrinas fundamentales de la nueva iglesia. Wesley dejo bien claro que estaba comprometido con la fe clásica de la iglesia, desarrollada dentro de la tradición anglicana.

Los veinticuatro artículos que envió Wesley fueron una revisión de los treinta y nueve "Artículos de Religión" adoptados por la Iglesia de Inglaterra. Contenían la fe profunda de la iglesia, forjada en los primeros siglos y actualizada durante la Reforma. Como hemos visto, este material era la importante música de fondo para Wesley en su propio viaje hacia la fe. Los artículos anglicanos proveían el contexto crucial para recibir su visión distinta de la vida cristiana, tal como la había expresado en los *Sermones* y en las *Notas*. Así que Wesley trabajaba dentro de la fe trinitaria y encarnacional de la iglesia como un todo. Si este material se deja a un lado, lo único que nos queda es una visión desesperadamente reducida de la fe cristiana. Aunque a veces la manera de expresarse de Wesley nos hace pensar diferente, la decisión tomada en 1784 nos enfatiza que Wesley no tenía ningún interés en dejar a un lado la fe clásica de la iglesia. De hecho hay un problema aquí: uno tiene derecho de preguntarse si la gran fe de la iglesia comenzaba a estancarse. Sin embargo, lo importante aquí es que veamos el gran panorama: Wesley lanzó su contribución teológica personal dentro de los contornos de la ortodoxia cristiana.

WESLEY EL EVANGELISTA Y DIRECTOR ESPIRITUAL

Aquí es suficiente hablar de dos puntos interrelacionados. Primero, en gran parte de lo que sigue voy a dar por sentado la gran fe clásica de la iglesia. Claro, la voy a mencionar de vez en cuando. Indicaré cómo Wesley depende de la gran narrativa cristiana de creación, caída, y redención. Mencionaré la doctrina de la Trinidad, en la cual se entiende a Dios como tres personas en una sola sustancia. Donde haga falta, pondré énfasis en la convicción de Wesley de que Jesús era completamente divino y completamente humano. Expondré varias ideas de cómo Jesús quita los pecados del mundo. La verdad es que, en cuanto a estos asuntos, Wesley no tenía nada nuevo ni novedoso que decir. Su fuerza y percepción están en otra parte, es decir en los materiales teológicos que reúne para su trabajo como evangelista y director espiritual.

En segundo lugar, la fuente primaria para la exposición que sigue son los *Sermones en Varias Ocasiones*.

Estos sermones son dignos de mucha atención porque representan un material que Wesley mismo seleccionó, y constituyen lo que él consideraba lo esencial de la verdadera religión. Son lo que podríamos llamar los sermones canónicos de Wesley. (Más tarde haré uso de otro material para aclarar el horizonte más amplio en el cual Wesley trabajaba.) De hecho, hay una lógica interna interesante en los *Sermones*. Ellos fluyen de manera natural desde un juego de sermones tempranos sobre el hacerse cristiano, hacia un juego intermedio que trata del Sermón del Monte y que explica la vida cristiana, hacia un juego final de sermones que hablan de un surtido de asuntos que se presentan justo para los que están en el camino de la salvación, un camino que Wesley trabajaba tan fuertemente para hacer posible en la práctica. En lo que sigue, voy a seguir este patrón general de ideas, pero voy a dar unas pausas para explicar otras propuestas de Wesley que explican ciertos asuntos teológicos importantes para él.

¿Dónde nos deja todo esto en cuanto a nuestra comprensión general de Wesley? Wesley era más un teólogo medieval que un teólogo moderno. Heredó la fe trinitaria robusta que se había desarrollado en los primeros siglos de la Iglesia. Tenía un concepto muy alto de los sacramentos. Creía en la revelación especial y estaba inmerso en las Escrituras, usándolas fácilmente como un segundo idioma. Estaba convencido de que la Iglesia Anglicana había recuperado la fe de los Padres de la Iglesia, y por eso la Reforma no era un nuevo comienzo sino una pequeña corrección de dirección. Vivía en el mundo de la iglesia antigua antes del siglo cuatro y allí se sentía completamente a gusto. Su compromiso con la razón y la experiencia le hace verse como un miembro marginal de la Ilustración, pero en realidad este toque empírico y racionalista no era nada nuevo en la historia de la Iglesia. Los teólogos medievales eran maestros de la lógica, y no pedían perdón por su compromiso con la razón y la experiencia. De hecho, a Wesley le gustaba mucho más la visión de la experiencia ofrecida por Aristóteles que la ofrecida por John Locke. En todo era un tradicionalista, comprometido con los antiguos caminos y doctrinas de la Iglesia.

Lo que le hace distinto y único era su búsqueda de la realidad de Dios dentro de este mundo heredado. Aquí él nos recuerda de San Bernardino, San Francisco, Santa Teresa de Ávila, y hasta de Martín Lutero. Sus capacidades teológicas se inclinaban hacia una explicación de una doctrina compleja de la vida espiritual. En este punto, no tenía vergüenza alguna de tener una orientación sobrenaturalista. Creía en Dios como un agente incansable, trabajando para encaminar a un mundo herido, rebelde, y pecaminoso de vuelta a su destino y origen. Era un pietista católico con cierto toque pentecostal y con una pasión por los pobres y necesitados. Porque era conservador en cuanto a su teología, era un revolucionario en su ministerio. Desafiaba al nominalismo y la complacencia que son los pecados de cualquier orden establecido, pero lo hacía no con una revisión liberal sino con una recuperación radical de unas prácticas e ideas perdidas. Wesley creía, con pasión y terquedad, que el total de la existencia humana debe conformarse inmediatamente a la voluntad de Dios para su creación. Lo que Dios había mandado, Dios lo hace posible en el aquí y ahora, en este mismo instante. Así que, Wesley estaba intoxicado por un optimismo persistente que lo mantenía trabajando día y noche para la llegada de Reino de Dios.

Lo que hace a Wesley importante para nuestra época es justo esta combinación de compromiso antiguo y pasión presente. Su mayor fuerza era poner su dedo sobre los puntos donde la gente tenía dolor espiritual, tomarles el pulso, y luego comenzar a conectarles al Dios y Padre de nuestro Señor Jesucristo, a través del trabajo del Espíritu Santo. Llegó por casualidad a una fe viva en Dios y luego pasó el resto de su vida averiguando lo que esta significaba, y compartiéndola con los demás.

Aun con todas sus fallas y defectos, Wesley nos da un buen punto de partida para el estudio de la teología. Demuestra que la teología tiene que ver con Dios y su venida a nosotros en Cristo a través del poder del Espíritu Santo. Nos levantamos de nuestra lectura ahora sabiendo que las propuestas hechas por la teología nos pueden partir el corazón con amor hacia Dios y el prójimo. Al meditar en las propuestas de Wesley, sentimos profundamente que hacer teología puede ser excitante y atrevido. Encontramos a nuestros intelectos temblando con una belleza y una desorientación que nos impulsan hacia delante en una búsqueda de la claridad que nunca termina. Tenemos la dicha de poder sentarnos a los pies de Wesley y observar su mente trabajando.

Capítulo 3
LA VIDA ESTÁ CASI TAN MALA
COMO CREÍAS

LA CREACIÓN

Las preocupaciones teológicas distintas de Wesley se encuentran firmemente dentro de la tradición cristiana clásica. Así que, está desvergonzadamente comprometido con la gran narrativa cristiana de creación, caída, y redención, y él encuentra el centro de esta narrativa en la acción del Dios trino, Padre, Hijo, y Espíritu Santo. En cuanto a estos asuntos, Wesley tiene poco que decir que sea original. Su interés está en encontrar maneras de conectar a la gente promedia con esta narrativa y con el Dios trino, para que los propósitos de Dios para la vida humana se desarrollen al máximo. El corazón de su pensar se enfoca en cómo llegar al reino de Dios, cómo quedarse allí, y cómo aprovechar completamente los recursos que Dios ha colocado allí.

Podríamos considerar la teología de Wesley como algo diseñado para ayudar a la gente a venir a Dios, y luego a crecer y ser adultos maduros que funcionan. Los buscadores ya han recibido un "tour" de la casa de la fe; lo que necesitan ahora es conocer al dueño y encontrar un lugar propio en la casa. Mejor dicho, sin darse cuenta, los buscadores han llegado a un hospital para pacientes terminales. Tal vez han caminado por sus salas y sus cuartos, han conocido a algunos de los empleados, y hasta han leído algunos textos médicos, pero todavía no se han dado cuenta de que ellos mismos están enfermos de manera terminal. La preocupación de Wesley era ayudar a estos pacientes a enfrentar su enfermedad y buscar un tratamiento que les ayude.

Por supuesto, Wesley ve el mundo como algo creado por un Dios eterno, omnipresente, omnisciente, y santo. Además, Dios es todo sabio, justo en su trato hacia el mundo, y todo amoroso. Y Dios es el gobernador soberano de todo el universo. Este no es un Dios "osito de peluche." No es un invento humano, diseñado para satisfacer nuestros intereses y deseos particulares. Este Dios es un agente robusto y activo. Por eso, Dios tiene cierto papel en todo lo que sucede; Dios crea y preserva todo lo que existe. Los seres humanos habitan un ambiente espiritual y natural que Dios diseñó para ellos, y que es un lugar apto dentro del cual pueden crecer y ser satisfechos.

Ser un agente humano es glorioso y maravilloso. No somos simplemente configuraciones complejas de material con computadoras sofisticadas en la parte superior. No somos meramente el punto alto de un gran esquema de evolución, animales vestidos de ropa fina. No somos pacientes indefensos, sujetos a lo impersonal del azar y la necesidad. Dios nos ha hecho y nos sostiene con un principio innato de moción propia. Somos agentes personales genuinos, y podemos tomar decisiones reales, y podemos conocer, amar, y obedecer a Dios. Específicamente, somos hechos según la imagen de Dios, un retrato imborrable de la gloria de Dios. Somos hechos, según Wesley,

> no solamente a su imagen natural, figura de su propia inmortalidad, un ser espiritual dotado de entendimiento, libre albedrío y diversos afectos; no meramente a su imagen política, gobernador del mundo inferior, que 'señoree en los peces del mar, en las aves de los cielos, en las bestias, en toda la tierra...,' sino mayormente a su imagen moral, la cual, conforme al apóstol, es "justicia y verdadera santidad" (Efes. 4:24)[1]

Así que, Dios hizo a los agentes humanos según un plan específico de diseño. En otras palabras, fuimos creados para el amor. Otra vez en las palabras de Wesley:

> "Dios es amor;" por consiguiente el humano, al ser creado, estaba lleno de amor, el cual era el principio único de todos sus estados de ánimo, pensamientos, palabras y acciones. Dios está lleno de justicia, mise-

ricordia y verdad: así era el humano al salir de las ma-
nos de su Creador. Dios es pureza inmaculada: y así
era el ser humano en el principio, puro, sin mancha
pecaminosa alguna.[2]

EL APRIETO HUMANO

Trágicamente, los seres humanos han caído de este
estado exaltado. Dotados al principio con una libertad
genuina, la hemos abusado, y como consecuencia nos
hemos atrapado en una red de consecuencias desastro-
sas. Sufrimos de los efectos del pecado original y el
pecado actual en nuestras vidas. Wesley emplea muchas
imágenes para presentar este aprieto. Él habla en términos de deuda, cautiverio, y enfermedad. Según escribe:

> En verdad ya estamos atados de pies y manos por las ca-
> denas de nuestros pecados. Estos, respecto de nosotros,
> son cadenas de hierros y grillos de cobre. Son heridas con
> que el mundo, la carne y el demonio nos han lastimado y
> quebrantado de pies a cabeza. Son enfermedades que
> chupan nuestra sangre y nuestro aliento, que nos llevan a
> las regiones del sepulcro. Pero considerados, como lo son
> aquí, respecto de Dios, son deudas inmensas e innume-
> rables. Así, bien podemos rogarle – pues no tenemos con
> qué pagar – que nos perdone todo.[3]

Esta infección de nuestra naturaleza se manifiesta en
todos los pecados particulares que observamos a nuestro
alrededor. Inventamos toda clase de teorías sobre noso-

tros mismos para ocultar de vista la verdad. Nuestra ceguera, nuestro fracaso profundo en entender la verdad sobre el mundo y nosotros mismos, recoge una gran cosecha de maldades. Nos vemos como los maestros y maestras del universo; somos orgullosos y egoístas hasta el corazón. Nos pavoneamos en pos de la aprobación; resistimos la autoridad de Dios sobre nuestras vidas; estamos plagados de orgullo de corazón, voluntad propia, y amor por el mundo. Dado nuestro rechazo de Dios, estamos atrapados en una red de males particulares que son el resultado natural de nuestro orgullo. Según Wesley:

> De esta fuente de maldad brotan las corrientes amargas de la vanidad, del deseo de alabanza, de la ambición, de la codicia, de los deseos de la   carne, los deseos de los ojos y el orgullo de la vida. De esa fuente brotan la ira, el odio, la malicia, la venganza, la envidia, los celos, las sospechas; de tal vienen los deseos malos y pecaminosos que te traspasan con muchos dolores y que, si no pones remedio a tiempo acabarán por hundir tu alma en la perdición eterna.[4]

Los efectos intelectuales del pecado son especialmente devastadores. Nos gusta pensar que somos agentes morales libres, generosos, y rectos. Nos gusta felicitarnos por nuestra sabiduría y bondad. Si somos educados, nos consideramos razonables, sofisticados, y libres de la vulgaridad y el prejuicio. Somos orgullosos de nuestra capacidad de superar las supersticiones, los prejuicios, y la ingenuidad. De hecho, somos ciegos a la verdad sobre Dios, el mundo, y nosotros mismos.

Wesley es incansable en su presentación de lo pecaminoso de la situación humana. Al explicar su visión
hace uso de la narrativa tradicional de la desobediencia
de Adán y Eva en el huerto de Edén. Está claro que él
toma este material literalmente. Sin embargo, lo usa de
manera exitosa para dejar al descubierto la raíz del mal
en el mundo, entonces por el momento no debemos
preocuparnos de que Wesley habla desde adentro sus
opciones intelectuales. Para Wesley, la historia en Gé-
nesis de la creación y la caída no es simplemente una
historia antigua, sino que provee una explicación cau-
sante del origen del mal en el universo. Lo que busca
Wesley es una explicación rigurosa de qué ha salido
mal. Él ve en el caso de los primeros padres de la raza
humana una caída a la corrupción y decadencia que no
puede ser enderezado por la agencia humana. Hasta
los males naturales que hay en la creación son el castigo merecido de nuestra rebelión contra Dios. Si no
hubiera habido una caída al pecado, no habría entonces ningún animal feroz ni las arenas movedizas; los

seres humanos hubieran vivido en armonía con Dios, con ellos mismos, y con su medio ambiente. Dada nuestra rebelión, el mundo entero está plagado de miseria, enfermedad, y sufrimiento.

Este retrato sombrío del mundo es clave para la teología de Wesley como un todo. Consideraba esta doctrina como elemento clave de lo que se conoce como "la analogía de fe." La analogía de fe, es decir las enseñanzas centrales del cristianismo, es para Wesley el sentido de las Escrituras en conjunto. Así que la doctrina del pecado es una de las doctrinas fundamentales de la Biblia, y por eso de la misma esencia del cristianismo. De hecho, Wesley hace de la doctrina del pecado original un elemento en la definición misma del cristianismo. El que la niegue, es aún pagano. Además, Wesley está convencido de que es sólo por reconocer la profundidad del pecado humano que podemos darnos cuenta totalmente cuán profundos son el amor y la gracia de Dios. Tenemos un sentido más profundo del compromiso de Dios con nosotros, precisamente porque vemos cómo Dios se ha esforzado mucho para salvar el mundo.

Evidentemente, Wesley nos presenta una visión amenazadora de nosotros mismos. Pero para Wesley, ésta no es la última palabra. La mala noticia es que estamos en cautiverio de la maldad y la ignorancia que nosotros mismos hemos provocado. La buena noticia es que Dios ya se nos ha acercado para comenzar a reparar el daño. Dios lo hace generosamente como un asunto de gracia incondicional, sin que nosotros le pidamos ayuda. Dios se ha movido en la gracia "preveniente," en la gracia que viene antes de la verdadera sanidad completa que Cristo nos provee a través del Espíritu Santo. Por esta gracia Dios nos capacita para ver nuestro aprieto actual y tomar los primeros pasos hacia la recuperación. En otras palabras, Dios ha entrado en la vida interior de cada persona para ayudarnos a ver qué es lo que anda mal, y para despertarnos a dar una respuesta positiva hacia la gracia salvadora que Él está más que dispuesto a darnos. Este trabajo "preveniente" de Dios es universal, y es irresistible.

Consideremos una analogía. Según la manera de pensar de Wesley, todos somos como los alcohólicos. Somos adictos de maneras de pensar y actuar que son autodestructivas. La única salida de nuestra adicción es reconocer que estamos en cautiverio y tener el deseo inicial de ir a buscar ayuda. Sin embargo, el problema fatal de muchos alcohólicos es que no pueden reconocer cuán mala es la situación, y por eso son incapaces de formar el deseo de ir a buscar ayuda. Por eso, siguen tropezando de borrachera a borrachera, pensando que están bien y que pueden encargarse de todo. La revelación inicial ocurre cuando ven que no pueden salir de la adicción por sí solos, y cuando se forma ese primer deseo vacilante de buscar ayuda. Así que el primer paso hacia la salud es reorientar nuestro entendimiento. La voluntad, las emociones, la maquinaria interna de nuestra existencia humana – todas son afectadas por nuestra visión del mundo y de nosotros mismos.

Fíjense que con esta versión de nuestra situación, bien podríamos pensar que somos libres. Es decir, un alcohólico puede decidir si quiere beber vodka ruso, whisky irlandés, vino australiano, o cerveza americana. El alcohólico no es una máquina inmóvil, sino que existe un principio interno de auto-movimiento, y se pueden tomar decisiones verdaderas. El problema es que estas decisiones se toman dentro de un contexto de esclavitud al licor, así que al nivel más profundo no existe ninguna libertad, sino que el alcohólico está atado por su adicción al alcohol. Lo mismo sucede con el pecado. Dentro de una vida de pecado podemos usar nuestro libre albedrío. Podemos decidir si expresamos nuestros celos con una palabra mordaz o con un silencio frío. Podemos decidir si le pegamos a nuestro enemigo en la boca, o si le pateamos en la espinilla. Entonces, el asunto inicial es cómo llegar a ese nivel más profundo donde podemos reconocer nuestro problema y formar el deseo inicial de ir a buscar ayuda.

La gracia está a mano

La gracia preveniente es la ayuda inicial que Dios nos da a todos para que vean cuán fea está la situación y formen un deseo de buscar ayuda. Esta gracia es dada a todos de manera universal e irresistible. Según Wesley:

En relación a… la gracia irresistible, creo: Que la gracia que trae fe y por lo tanto, salvación para el alma, es irresistible en aquel momento; Que la mayoría de los creyentes pueden recordar alguna vez cuando Dios les convenció irresistiblemente del pecado; Que la mayoría de los creyentes una que otras veces encuentran a Dios actuando irresistiblemente sobre sus almas; No obstante, creo acerca de la gracia de Dios que antes y después de aquellos momentos, puede ser y ha sido, resistida; Y que en términos generales, ésta no actúa irresistiblemente, pero que podemos o no podemos estar de acuerdo con esto. No niego que en aquellos eminentemente nombrados "los elegidos" (si los hubiera) la gracia de Dios es tan irresistible que ellos no pueden hacer otra cosa que creer y ser finalmente salvos.[5]

Hay un toque de afectación en esta manera de pensar. Todos heredamos la enfermedad del pecado, pero Dios inmediatamente inyecta una pequeña dosis de gracia preveniente (digamos por ejemplo la conciencia) para permitirnos verle a Él y pedirle ayuda. Así que, en realidad no hay pecadores verdaderos, sino que todos ya hemos dado el primer paso en el camino hacia la restauración. Las cosas no son tan malas como creíamos.

En este punto es crucial ver por qué Wesley, y la tradición occidental que heredó, formularon la idea de la gracia "preveniente." Wesley está intentando solucionar un problema antiguo de la teología; el problema de la libertad y la gracia. Dado que los agentes humanos son totalmente depravados, cualquier teólogo enfrenta un dilema. Debe creer a la misma vez las siguientes conclusiones contradictorias:

1. Los agentes humanos están atrapados en el pecado, incapaces de sanarse.
2. Sólo Dios sana y salva.
3. Los agentes humanos no pueden reclamar mérito alguno por su curación.
4. Los agentes humanos son verdaderamente libres y por ende responsables de su situación si no son salvos.

El problema es así: ¿cómo podemos creer en el cuarto punto si ya creemos en los primeros tres? Wesley intenta aliviar este dolor de cabeza al decir que Dios interviene en la vida de todas las personas, dándoles la gracia que les da fuerza para decir "sí" a su trabajo sanador en Cristo.

Consideremos nuestras opciones aquí. Podemos modificar nuestra doctrina del pecado y simplemente insistir que las cosas no están tan malas como dice Wesley. Wesley rechazó esta opción. Estaba totalmente convencido de la depravación y la corrupción de los seres humanos. O podemos modificar nuestro concepto de la gracia, atribuyéndole a Dios una parte de la restauración, y otra parte a nosotros mismos. Wesley también rechazó esta opción. Dado cuán mala está la situación, sólo Dios nos puede salvar. O podemos rescatar la responsabilidad humana al dejar a los agentes humanos el poder para decir "sí" a la acción salvadora de Dios. Wesley también rechazó esta opción. Si somos capaces de darnos cuenta de nuestro aprieto y también de dar el primer paso hacia Dios, entonces no hemos llegado hasta el fondo del pecado. Hemos negado la profundidad del problema. Además, si podemos ver la verdad sobre nosotros y volvernos hacia Dios, entonces en cierto sentido nos hemos salvado solos. Hemos puesto un gramo de nuestra acción y podemos tomar algo del crédito, por poco que sea, de nuestra salvación. Al tomar algo del crédito decimos que la salvación no es de fondo un asunto de gracia. Tenemos que negarle a Dios todo el crédito de nuestra salvación, y podemos jactarnos un poco de lo que hemos hecho para salvarnos a nosotros mismos. Wesley se niega a seguir ese camino. Aun otra solución es decir que Dios les da su gracia preveniente a unos pocos escogidos y deja que los demás se cocinen en sus propios pecados. Wesley rechazó esta opción también. Hace a Dios verse como un tirano arbitrario que regala su gracia a unos pocos y deja que los demás se encaminen felizmente hacia el infierno.

Lo que Wesley propone es que Dios les da a todos la gracia preveniente. Así, Wesley hace de Dios el agente estimulante detrás del reconocimiento de nuestro aprieto y detrás de nuestro primer deseo de buscar el bien. Si luego no logramos ser sanados, será porque hayamos rechazado la ayuda adicional que Dios ofrece para la salvación. Así, Wesley cree que ha logrado mantener unidas esas cuatro ideas distintas: una doctrina fuerte del pecado, la salvación por la gracia sola, darle a Dios todo el crédito de la salvación, y la responsabilidad humana si no logramos la salvación. En vez de modificar alguna parte de la típica doctrina occidental del pecado, Wesley insiste en que los primeros pasos hacia la sanidad y la salud son, por decirlo de alguna manera, completamente la obra de Dios. Para que esto funcione, la gracia preveniente de Dios debe ser ciertamente universal e irresistible.

AFINANDO EL EQUILIBRIO

Para serles honesto, aunque esta solución es ingeniosa y original, no me convence completamente. El problema clave es que Wesley está atrapado en una red de confusión sobre la naturaleza de la causalidad (teoría de las causas), la cual lo presenta con un juego de falsas alternativas. Arreglar este asunto no es la tarea de este libro. Basta decir en este punto que Wesley (ni ningún otro teólogo) no puede negar el papel de los agentes humanos en aceptar la oferta de salvación. Los creyentes aceptan a Cristo; Dios no hace esto en lugar de ellos. Así que algún elemento de acción humana genuina es absolutamente necesario en la salvación. Como veremos más adelante, Wesley no puede evitar este paso, y a la larga esta idea se vuelve en la afirmación de que las obras son remota o indirectamente necesarias para la salvación. Sus críticos tenían toda la razón en abalanzarse sobre él en este punto. Hay otros problemas que se notan también.

Primero, Wesley ha malentendido el lugar de la doctrina del pecado en la tradición cristiana. Una doctrina del pecado, aunque sea clave en cualquier teología comprensiva, simplemente no goza del estado definicional o de credo que él le da. La "analogía de fe" no es el sentido general de las Escrituras, ni implica una doctrina del pecado. La analogía de fe era la fe trinitaria de la iglesia que fue forjada a través del tiempo y adoptada formalmente en el Concilio Niceno. Wesley ha alterado totalmente el contenido interno del cristianismo al poner el pecado y la salvación como el núcleo de la doctrina cristiana. Además, el Credo Niceno trata del asunto del pecado indirectamente, como algo subordinado a las grandes verdades de la fe expuestas en una forma trinitaria. Wesley ha reemplazado este credo canónico con su propio "minicredo." Ha cambiado el centro de gravedad de la fe hacia una visión fundacional del pecado y el mal.

Segundo, aunque coloca el orgullo en un lugar secundario en su análisis del pecado, sigue poniendo demasiado énfasis en el orgullo como parte de la idea del pecado. Algunas feministas y otros observadores con razón han preguntado si este énfasis ignora otras maneras de rechazar nuestra identidad como criaturas. Particularmente, con razón insisten en que podemos rechazar nuestra identidad como criaturas al aceptar versiones degradantes de nosotros mismos, versiones que nos presentan como "alfombras" y víctimas que no pueden clamar su dignidad como seres hechos según la imagen de Dios. El orgullo es una manera de rechazar el trabajo de Dios en la creación; encogernos de miedo en un rincón como víctimas es otra. Claramente, si nos enfocamos en el orgullo a costo de esta segunda opción, solo logramos meterles a algunas personas aún más en el cautiverio. Nunca saldrán de sus rincones, nunca dejarán de quejarse de ser víctimas, y nunca se pararán sobre sus pies como agentes genuinos. Enfatizando siempre el orgullo destruiría el poco sentido de albedrío que ahora tienen. Por eso, necesitamos una visión más amplia y completa del pecado que la de Wesley. Aún así todos nos podemos beneficiar de cómo Wesley enfatiza el papel del entendimiento en cuanto al pecado y la salvación.

Dadas estas preocupaciones, es importante volver al núcleo de la visión teológica de Wesley. Sigue atractivo el sentido general que Wesley tiene de lo profundo de la maldad humana. El pecado es un concepto teológico clave, y no podemos dejarlo atrás sin derramar algunas "lágrimas teológicas." Debemos seguir pensando en la tradición occidental precisamente porque nos desafía a enfrentar plenamente la maldad humana en toda su intensidad penetrante. Wesley llama a cuentas la tendencia a esquivar los conceptos realistas de la situación humana y en su lugar optar por palabras genéricas y piadosas sobre el amor de Dios que nos acepta tal como somos. De igual manera, la visión robusta del pecado que ofrece Wesley desafía todo esfuerzo de hallar nuestros problemas en el ámbito social o político. Además, hay algo muy profundo en la propuesta de Wesley de que el pecado ha dejado al descubierto las riquezas del amor y la misericordia de

Dios. Paradójicamente, es sólo cuando enfrentamos el pecado que percibimos la plena profundidad de la gracia y la generosidad de Dios para con nosotros. En términos generales, la descripción de Wesley de la condición humana, su valentía para enfrentar la realidad, y su convicción que Dios está trabajando desde el inicio de nuestras vidas para enderezarnos – todo esto es un soplo de aire fresco.

Claro, el verdadero "elefante en el cuarto" es si su visión de la salvación está tan vinculada con su visión del pecado que los problemas en la segunda afectarían sus propuestas sobre la primera. Si Wesley se equivoca en cuanto a la enfermedad, ¿no se equivocará también con la cura? Mantendremos este asunto en el fondo de nuestras mentes mientras pasamos ahora a su análisis de la situación.

Capítulo 4
COMENZANDO DE NUEVO DESDE CERO

AGARRÁNDOLE LA MANO AL LENGUAJE DE SION

En este capítulo quiero examinar dos conceptos claves que gobiernan la fase inicial del viaje cristiano, según Wesley, siendo éstos la justificación y la regeneración. En el próximo capítulo hablaré de las ideas de la santificación y la seguridad. Cualquier estudio serio de Wesley debe enfrentar estos dos asuntos. Durante la explicación que sigue, tocaré aquellos temas que sean necesarios para entender mejor estas doctrinas decisivas.

Wesley no siempre es consistente en la explicación de su posición. A veces quiere hacer de la justificación y la regeneración sus ideas favoritas. En otros momentos opta por la justificación y la santificación. Esta confusión se debe en parte a su trabajo como predicador. Él quiere enfatizar el tópico de sus sermones al presentarlo como la cosa más importante que existe bajo el cielo, y la exageración homilética le vence a la claridad sistemática. Sin embargo, la regeneración y la santificación ocupan el mismo espacio conceptual. Las dos quieren llamar la atención al verdadero cambio que Dios obra en el creyente. Enfatizan lo que se ha llamado la "gracia infundida," es decir la energía de Dios que cambia al pecador en un santo. Entonces la idea básica de Wesley está clara. Está comprometido con una visión que abarca tanto el perdón como una transformación personal radical.

Quizás entramos en el mapa de Wesley del pasaje espiritual de la siguiente manera. Al justificarnos, Dios perdona nuestros pecados. El problema que se trata aquí es el de la culpa; la justificación nos libera de los cargos que se han presentado en nuestra contra. Luego, al regenerarnos (el nuevo nacimiento), podemos iniciar la vida otra vez. El problema que se trata aquí es el del poder del pecado en nuestras vidas. Dios interviene y nos recrea, haciéndonos personas nuevas, moviéndonos por un nacimiento espiritual del reino de Satanás al reino de Dios. Al santificarnos, Dios nos da el poder de vivir una vida de amor hacia Dios y el prójimo. El problema que se trata aquí es el de nuestra adicción al mal. En la santificación, una inyección del poder y el amor de Dios sirve para arrancar de raíz a nuestro deseo y afecto hacia el pecado. Al darnos la seguridad, Dios crea en nuestros corazones una confianza robusta y personal en el evangelio. El problema que se trata aquí es el de la duda y la inseguridad. A través del testimonio del Espíritu Santo, Dios crea en nosotros un sentido profundo de aceptación y libertad del mal. Así que la justificación, la regeneración, la santificación, y la seguridad tratan de diferentes aspectos del aprieto humano, visto desde una perspectiva teológica.

Al insistir tanto en la justificación como en el verdadero cambio espiritual, Wesley unía dos grandes asuntos del patrimonio cristiano que a veces se han separado. La tradición reformista enfatiza la justificación, mientras la tradición católica romana y la ortodoxa oriental enfatizan la transformación. Wesley estaba seguro de que necesitamos de las dos si vamos a hacerle justicia a todo lo que Dios podría hacer por nosotros en el aquí y ahora. Es como necesitar de dos motores de avión para hacer volar nuestra vida espiritual, en vez de solo uno. La justificación nos rescata de la desesperación y la culpa, y nos lleva hasta los aires del amor y la gracia del evangelio. Luego la regeneración, la santificación, y la seguridad nos elevan y nos mantienen en el aire durante el viaje de maldad a bondad, de pecado a santidad. Mantener juntas estas dos ideas no era un logro fácil, sobre todo porque especificarlas le metió a Wesley en el debate sobre la relación entre la fe y las obras, un asunto que ha atormentado a los cristianos durante siglos. Trataré de este asunto al final del capítulo.

EN EL BANQUILLO DE LOS ACUSADOS

Dado que todos hemos pecado contra Dios, los agentes humanos estamos en líos. Nos presentamos delante de Dios en el tribunal y no tenemos con qué defendernos. No es solo que hemos pecado casual o caprichosamente, sino que hemos pecado temeraria, voluntaria y felizmente. Confrontados por la ley de Dios, somos culpables. Se ha recogido toda la evidencia, nuestros abogados han perdido el caso y estamos desnudos y condenados delante del Todopoderoso.

Claro que al principio rechazamos la verdad. Al principio es como si nos durmiéramos y por eso tenemos que ser despertados por el Espíritu Santo para que Cristo nos arroje luz, y para que podamos comenzar a ver cuán mala está la situación. Así es nuestro estado como personas naturales. Vivimos en un mundo de fantasía, lleno de la autosatisfacción e ignorancia. Luego la realidad nos asalta. Nos escapamos por unos pelos de un encuentro con la muerte, o tal vez escuchamos un sermón que en verdad nos convence de nuestra pobreza espiritual. Ahora le tememos a Dios y vamos a la iglesia cada vez que se abra, luchando para guardar lo poco que conocemos de las leyes de Dios. Nos hacemos personas legalistas. Sin embargo, este ciclo de esfuerzo y buenas intenciones, de éxito y fracaso, solo sirve para enfatizar que el verdadero problema es más profundo de lo que pensábamos. Por eso, nos vemos abrumados por la culpa y la desesperación moral.

Es en esta etapa que la predicación del evangelio comienza a llamar nuestra atención, y por primera vez comenzamos a luchar con el arrepentimiento y la fe. Así de buena gana hacemos todo lo posible por encontrar una respuesta para nuestro aprieto espiritual. Por eso, Wesley insiste que hagamos uso de todos los medios de gracia que están a nuestro alcance, en vez de quedarnos sentados esperando que Dios nos golpee. Sobre este punto, Wesley rompió filas con los que creían que solo Dios nos puede traer a la fe. No es que Wesley no estaba de acuerdo con esto. El asunto no era si necesitamos que Dios nos repare, sino cómo Dios trabaja para repararnos. Para Wesley, el Espíritu ya está trabajando en nuestra voluntad y corazón para dar el primer paso de vuelta a Dios, y debemos seguir dejando que el Espíritu trabaje en todos los medios de gracias disponibles. La red de grupos pequeños que Wesley estableció ayudaba mucho en este trayecto importante del viaje hacia Dios.

De los muchos medios de gracia que Dios había establecido, en este punto Wesley siempre enfatizaba la importancia de la predicación. Durante esta etapa, la buena predicación debe enfocarse en la ley de Dios. Wesley no toleraba esa clase de limonada insípida que muchos predicadores reparten para consolar al oyente. Según él:

> ...esto es exactamente lo que estoy diciendo: que los llamados "predicadores del evangelio" corrompen a sus oyentes; contaminan su gusto, para que no puedan saborear la doctrina sana; y malogran su apetito, para que no puedan convertirla en alimento. Les alimentan con dulces hasta que el vino genuino del reino les parece insípido. Les dan muchos licores dulces que hacen parecer toda vida y espíritu por lo presente; pero mientras tanto su apetito se destruye, por lo que ni puedan retener ni digerir la leche pura de la Palabra.[6]

La gente necesita una buena dosis de la realidad para poder enfrentar la verdad sobre si misma. Si no encuentran el camino hacia la fe, entonces están encaminados hacia el infierno. La ley de Dios sirve como una fuerte dosis de realidad. Provee un criterio objetivo que expone la maldad que nosotros fácilmente disculpamos. Además, revela cuán profundo es el cautiverio de los agentes humanos a sus pecados favoritos y vicios ocultos. Es solo cuando tenemos clara la historia sobre nosotros mismos que debemos recibir acceso a la historia de lo que Dios ha hecho en Cristo para salvar al mundo. Si vamos demasiado rápido, la vuelta hacia Dios sería superficial y efímera. El patrón básico de la predicación de Wesley era sencillo: comenzar con un poco de las buenas nuevas, luego cambiar a las malas nuevas y termina con el evangelio completo en toda su belleza y plenitud.

Cuando la gente comienza a aceptar la verdad, dentro de este proceso hay que invitarle a una fe viva en Jesucristo como el salvador. Aquí la precisión es clave. Demasiadas veces se permite que el que busca a Dios se estanque en la evasión, la media verdad y la confusión. Pero la fe tiene un objeto concreto. No basta tener una fe imprecisa en un Dios Creador. Tampoco basta aceptar por lo mínimo un credo de la iglesia. Ni es suficiente la clase de fe que tenían los discípulos antes de la cruz y la resurrección. La fe tiene que dirigirse hacia el sacrificio expiatorio de Jesucristo, hecho para los pecados del mundo. Con razón Dios está enojado con nosotros por causa de nuestros pecados, pero no tenemos los recursos para aliviar esta ira divina. Dios mismo ha provisto el remedio para nuestra alienación, con la muerte de su Hijo Jesucristo. Lo que trae alivio es la fe en Él, y no algunos pensamientos flojos y sentimentales sobre el perdón y la misericordia. Es solo cuando nos volvemos a Dios en Cristo, predicado objetivamente por mensajeros encomendados, que somos absueltos en los tribunales de Dios. Debemos enfrentar nuestro aprieto, entender precisamente lo que Dios ha hecho en Cristo y volvernos claramente al Salvador cuyo nombre es Jesús. Cuando hacemos esto, ayudados en todo momento por la gracia de Dios, inmediatamente Dios perdona nuestros pecados.

Ninguna otra persona puede cumplir con este proceso en lugar nuestro. Nuestra conversión es inevitablemente personal. Claro que necesitamos toda la ayuda posible de otras personas, como las conversaciones personales, el testimonio, el interrogatorio en grupos pequeños, la exhortación, la lectura, los sermones, y cosas así. Pero estos son sucesos externos en nuestra biografía. En algún momento el individuo debe reconocer lo que está en juego e ir a Dios para recibir perdón, y solo Dios puede dar la palabra de alivio para el alma. Sobre este asunto, Wesley era muy quietista[7]. Él no usaba la clase de exhortaciones y "llamados al altar" que se pusieron tanto de moda en las formas modernas de evangelismo. No hay nada de eso de acercarse a la persona, con nuestro sombrero en la mano y una música suave en el fondo, implorándole que reciba la fe, como si de alguna manera le hiciéramos un favor a Dios al arrepentirnos y aceptar la fe. La fe es un regalo de Dios; se engendra desde adentro por medio del trabajo del Espíritu Santo. Por eso, recibir la fe no es en primer lugar un asunto de tomar una decisión. Más bien, es como esperar a Dios al escuchar su Palabra, hasta que caiga la moneda en la máquina y veamos el evangelio de la manera más personal posible.

Es clave que no apuremos este proceso. Hay que colocar el fundamento necesario, donde el pecado se reconoce por la realidad asesina que es, donde se entienden y se reciben las verdades centrales del evangelio, y donde la vuelta hacia Dios es activada por la obra del Espíritu Santo en el corazón humano. Así que, hay tanto un proceso como una crisis. El que busca a Dios lucha con la verdad, reconciliándose con ella en toda su profundidad, pero hay un momento específico cuando Dios entrega el veredicto de absolución y perdón. La metáfora clave aquí es forense o jurídica: Dios justifica o absuelve al pecador como un juez en el tribunal absuelve al criminal acusado de violar la ley. El juez emite su perdón, y el pecador sale libre del tribunal.

Aquí está claro que Wesley está basándose en, pero a la vez rompiendo con, la práctica tradicional del cristianismo universal. Lo que él mantiene intacto es que Dios da una palabra específica de perdón al individuo que busca la reconciliación. En la tradición clásica, uno viene a recibir el perdón a través de aquellos agentes que Dios ha nombrado para entregar esta palabra de perdón. Dios nombra y da autoridad a personas debidamente reconocidas, es decir los obispos y los sacerdotes, para que pronuncien el perdón. Para Wesley, estos agentes humanos de mediación han desaparecido. Según la visión de Wesley, el papel del mediador humano es predicar el evangelio y dar la invitación, pero la palabra de reconciliación no puede venir de alguien más que Dios, trabajando en la actividad del Espíritu Santo. Así que los laicos, especialmente los predicadores laicos, pueden tomar este papel tanto como un sacerdote ordenado.

La estrategia de eliminar a los agentes autorizados del evangelio tiene una desventaja clara. El peligro de tener a un mediador oficial es que el recibir del perdón se convierta en algo formal y superficial. Pero el peligro de la alternativa de Wesley es que el individuo quede sujeto al sentimiento y el discernimiento subjetivos. El que busca a Dios fácilmente puede estancarse en un mar de inseguridad. Para ir al grano, cuando un juez pronuncia un veredicto, sabemos donde nos encontramos. Según Wesley, no hay otro juez que Dios quien da un veredicto. ¿Quién dice cuál es el veredicto? Dios tiene que hablar. Pero ¿quién sabe lo que Dios ha dicho? No sorprende el que Wesley tenía que luchar con el problema de la seguridad mucho más que otras versiones de la fe cristiana. Trataremos ese problema en el capítulo siguiente.

LA VIDA EN LA SALA DE MATERNIDAD

En el momento de absolución en el tribunal divino, a la vez el pecador nace de nuevo. Aquí Wesley cambia de la imagen de un tribunal a la imagen de una sala de maternidad. Aunque la justificación es claramente una idea diferente de la regeneración y el nuevo nacimiento, las dos ocurren en el mismo instante. El perdón viene acompañado de una constancia de nacimiento. Mientras el prisionero sale libre, puede comenzar desde cero. Vamos de un estado jurídico a un estado evangélico, de la eliminación de la culpa a la experiencia del poder de Dios que da una victoria inicial sobre el mal. Según Wesley:

La justificación implica solamente un cambio relativo mientras que el nuevo nacimiento indica un cambio real. Dios, al justificarnos, hace algo *por n*osotros; al engendrarnos nuevamente, obra *en* nosotros. La primera cambia nuestra relación con Dios, de manera que de enemigos pasamos a ser hijos; la segunda implica un cambio total de nuestras almas, de manera que de pecadores llegamos a ser santos. Una restaura en nosotros el favor, la otra la imagen de Dios. Una quita el pecado, la otra quita el poder del pecado. Así, aunque se unen en cuanto al tiempo, sin embargo son completamente diferentes en naturaleza.[8]

Wesley aprovechó al máximo esta idea de nuevo nacimiento. Continua así:

Antes que un niño nazca en el mundo tiene ojos pero no ve, tiene oídos pero no oye. Tiene un uso imperfecto de todos los otros sentidos. No tiene conocimiento de ninguna de las cosas que hay en el mundo, ni ningún entendimiento natural. A ese modo de existencia que entonces tiene ni siquiera le llamamos vida. Solamente cuando la persona nace decimos que comienza a vivir, pues tan pronto como nace comienza a ver la luz y los variados objetos que le circundan. Se abren sus oídos y oye los sonidos que sucesivamente llegan a ellos. Al mismo tiempo, todos los otros órganos de los sentidos comienzan a ejercitarse sobre sus objetos propios. Asimismo, respira y vive de una manera totalmente diferente a la que antes lo hacía.[9]

Hay un paralelo claro con el nuevo nacimiento:

Mientras una persona está en su mero estado natural, antes que haya nacido de Dios, no tiene relación con él, no está familiarizado con él en absoluto. No tiene verdadero conocimiento de las cosas de Dios, tanto de las cosas espirituales como de las eternas. Por tanto, aunque sea un ser humano vivo, es un cristiano muerto.[10]

El nuevo nacimiento cambia todo esto:

Pero tan pronto como es nacido de Dios hay un cambio total en todos estos aspectos. Se abren los ojos de su entendimiento (tal es el lenguaje del gran Apóstol). Y aquel que antiguamente mandó que de las tinieblas resplandeciese la luz, y que resplandeciese en su corazón, hará que la persona reciba la iluminación de la gloria de Dios, su glorioso amor, en la faz de Jesucristo. Habiendo sido abiertos sus oíd, es ahora capaz de oír la voz interior de Dios que le dice: "Ten ánimo, tus pecados te son perdonados." Esto significa lo que Dios habla a su corazón, aunque quizás no en estas mismas palabras. Ahora está listo para oír cualquier cosa que el que enseña al hombre la ciencia se complazca revelarle de tanto en tanto. "Siente en su corazón (para emplear el lenguaje de nuestra Iglesia) el poderoso obrar del Espíritu de Dios." No en un sentido burdo y carnal, tal como los del mundo estúpida y maliciosamente malentienden esta expresión, aunque se les haya explicado una y otra vez, sino que por ella significamos nada más ni nada menos que esto: que siente interiormente y es

sensible a las gracias que el Espíritu de Dios obra en
su corazón. Siente, y sabe que siente, la paz que so-
brepasa todo entendimiento. Muchas veces siente tal
gozo en Dios que es algo inefable y glorioso. Siente el
amor de Dios derramado en su corazón por el Espíritu Santo que le fue dado. Y todos sus sentidos espirituales son ejercitados en el discernimiento del bien y
del mal. Mediante el uso de estos crece diariamente
en el conocimiento de Dios y de Jesucristo a quien ha
enviado, y de todo lo que corresponde a su reino interior. Y ahora puede decirse cabalmente de él que
vive: Dios le ha vivificado mediante su espíritu. Está
vivo para Dios en Cristo Jesús. Vive una vida que el
mundo no conoce, una vida que está escondida con
Cristo en Dios. Dios está permanentemente respiran-
do, por así decir, sobre su alma, y su alma está respi-
rando en Dios. La gracia desciende hasta dentro de su
corazón, y la oración y la alabanza ascienden al cielo.
Y mediante este intercambio entre Dios y la persona,
esta comunión con el Padre y con su Hijo, como por
una forma de respiración espiritual, es sustentada la
vida de Dios en el alma, y el hijo de Dios crece, hasta
que alcanza la medida de la estatura de la plenitud de
Cristo.[11]

Tal vez podemos captar una vez más el punto central de Wesley de la siguiente manera. Imagine a un
bebé en el vientre. Tiene oídos pero no puede escuchar, ojos que no ven, pulmones que no respiran, etc.
Luego llega el gran día. Se rompe la fuente, se abre el
canal del parto, y sale un nuevo bebé. Ahora hay una

criatura que vive, respira, grita, ve y oye. Lo mismo sucede al aceptar la fe. Al principio, la concepción y la gestación suceden adentro y apenas son perceptibles. Luego, llega el día cuando uno ve por si mismo la misericordia de Dios en la muerte de Jesucristo. Este no es cualquier descubrimiento, sino el comienzo de toda una nueva forma de vivir. Así que es muy apropiado hablar de nacer de nuevo o nacer de lo alto.

LOS PELOS EN LA SOPA DOCTRINAL

Hasta aquí, pareciera que Wesley simplemente nos ha dado la comida típica del cristianismo evangélico. Debemos ser perdonados y nacidos de nuevo. ¿No es este el protestantismo vulgar y popular del "Cinturón Bíblico"[12]? Sin embargo, aquí las apariencias engañan. En la justificación y la regeneración, Dios es el agente que trae el perdón y una vida nueva. Dada la visión robusta de Wesley sobre el pecado y sus efectos, la necesidad de una acción divina es una consecuencia lógica y obvia. Naturalmente, sacamos la conclusión que Wesley es un protestante típico, comprometido con la doctrina de la justificación solo por la fe. Seguramente, los pecadores son justificados solo por la gracia y solo a través de la fe. Mas esto no es toda la historia. Claro que no hay justificación sin fe; Wesley siempre clamaba que en cuanto a este punto era un fuerte tradicionalista. Sin embargo, dada su preocupación por la santidad y dada la conexión inseparable entre la justificación y la regeneración, Wesley termina desarrollando una doctrina sutil de justificación por fe y obras. Examinemos este asunto hasta donde podamos. Al final veremos que quizás Wesley nos ofrece un conjunto teológico particular que merece nuestra atención.

El problema con el cual Wesley lucha es este: ¿cómo acomodamos el arrepentimiento en todo este cuadro? Según Wesley:

Pero ¿acaso Dios no nos ordena también arrepentirnos? ¿Y también hacer frutos dignos de arrepentimiento? ¿Y dejar de hacer lo malo y aprender a hacer el bien? ¿Y no son ambas cosas de máxima necesidad? ¿Y no es cierto que en tanto descuidamos voluntariamente una u otra de ellas no podemos razonablemente esperar para nada que seamos justificados? Pero si esto es así, ¿cómo puede decirse que la fe es la única condición de la justificación?[13]

Entonces, queda claro que "tanto el arrepentimiento como los frutos dignos de arrepentimiento son en cierto sentido necesarios para la justificación." ¿Cómo vamos a integrar esta idea en su visión de la justificación? Otra vez Wesley:

Pero no son necesarios en el mismo sentido que la fe, ni tampoco en el mismo grado. No en el mismo grado, porque tales frutos son necesarios sólo condicionalmente, si es que hay tiempo y oportunidad para ellos. De otra manera, una persona puede ser justificada sin ellos, como lo fue el "ladrón" sobre la cruz (si es que así podemos llamarlo, ¡pues un escritor ya fallecido ha descubierto que no era un ladrón, sino una persona sumamente honesta y respetable!). Pero no puede ser justificada sin la fe: ello es imposible. Del mismo modo, aunque una persona tenga tanto arrepentimiento como nunca lo hubo, y aunque tenga frutos dignos de arrepentimiento como jamás se vieron, todo esto para nada le sirve: no es justificada hasta que cree. Pero desde el momento que cree, con o sin esos frutos, con más o menos arrepentimiento, es justificada. No en el mismo sentido: porque el arrepentimiento y los frutos son sólo remotamente necesarios, necesarios en orden a la fe; mientras que la fe es inmediata y directamente necesaria para la justificación. Queda firme que la fe es la única condición que es inmediata y próximamente necesaria para la justificación.[14]

¿Qué vamos a hacer con este fino movimiento teológico de pies? La propuesta central es que somos verdaderamente justificados solo por la fe, pero de pronto descubrimos dos restricciones claves, escritas en letra pequeña. Primero, todo lo anterior solo se aplica a un número muy pero muy pequeño de personas. Después de todo, ¡no hay muchos ladrones sobre cruces en la historia de la salvación! Pero es el ladrón en la cruz quien funciona para Wesley como el modelo de la justificación por la fe. Segundo, también descubrimos de pronto que las obras son esenciales para la salvación, aunque solo son necesarias en un sentido secundario. Está claro que el punto clave de observar es que Wesley ha abandonado la posición protestante tradicional en cuanto a la justificación por la fe sola. Él mantiene la forma verbal y técnica de la doctrina reformista original, pero ha abandonado de manera radical la sustancia de la tradición. Sus protestas y negaciones son precisamente lo que se esperaría de un gran especialista en la lógica, como claramente era Wesley.

Pero estas no sirven de nada para aliviar el cambio teológico que él ha hecho.

Aquí vemos el empuje hacia la santidad que animaba la teología de Wesley como un todo. Está totalmente en contra de cualquier visión de la justificación que abriría la puerta a un rechazo o descuido de la ley moral. Está claro que algunas doctrinas de la justificación solo por la fe han allanado el camino para una visión de la vida cristiana que menosprecia, cuando no rechaza completamente, la búsqueda de la virtud y la lucha contra el vicio. Después de todo, si todo lo que necesito es la fe, entonces a final de cuentas no importa lo que yo haga. Así que Wesley busca integrar como algo imprescindible "las obras," es decir obras de arrepentimiento, de práctica religiosa, de misericordia, de amor a Dios y al prójimo, etc. Si los creyentes fallan en este punto (siempre cuando tengan el tiempo y la oportunidad de hacerlo), entonces dejarán de ser justificados, y darán marcha atrás en su viaje espiritual. Todo esto Wesley lo vio en su ministerio. Uno no puede quedarse quieto: o se mueve hacia delante o se mueve hacia atrás. Así, su doctrina característica fue impulsada en parte por sus observaciones espirituales.

Además, su doctrina de la gracia cierra el camino a cualquier intento de llevarse el mérito de las obras, antes o después de la justificación. La capacidad misma de hacer algo bueno se debe a la gracia de Dios trabajando dentro de uno, y la libertad para hacer lo bueno es un regalo el Espíritu Santo. Dios siempre trabaja en nosotros tanto para querer como para hacer lo que le complazca. De la misma manera, la fe sin obras está muerta; así que la fe nunca es algo inerte, sino siempre es una fe que se trabaja en amor. Una fe que no se expresa por un sentido interior y un comportamiento exterior es simplemente un asenti-miento, una ortodoxia muerta vestida de la fe de la iglesia. Wesley llevó esta idea a su conclusión extrema con una doctrina de justificación final por obras. En el juicio final, como insistían Jesús y Pablo, seríamos juzgados por lo que habíamos hecho. Dado que las obras son necesarias para la salvación de manera se-cundaria, y dado que la fe y las obras son insepara-bles, y dado que la fe y las obras son el resultado de la presencia de una gracia divina en nuestras vidas, es justo insistir que en el gran juicio somos justificados por nuestras obras. Con esto, de verdad se ha desta-pado la olla.

Los críticos de Wesley tenían razón al cuestionar las credenciales protestantes de Wesley sobre este punto. Por lo menos, Wesley tiene un problema serio de relaciones públicas, uno que se esforzaba en en-frentar. Más ampliamente, Wesley representa un desa-fío a dos "vacas sagradas" contemporáneas que debe-mos notar.

Primero, Wesley no tenía paciencia con la idea común de la gracia como un tipo de indulgencia moral. La gracia requiere, según se dice, que perdonemos y olvidemos, que dejemos a un lado toda la idea de la ley moral, considerándola como una trampa, una imposición, una denegación de la libertad, un legalismo feo y un rechazo del amor de Dios por el pecador. Se dice que creer en la gracia es creer que Dios nos acepta tal como somos, con mugre incluso. Dios no insiste que nos vistamos con nuestra mejor ropa y que vengamos a cierta hora para una cita. Dios se nos acerca, estando nosotros donde sea, como sea y cuando estemos listos para recibirle. Por eso, a pesar de las mejores intenciones de Wesley, su visión está totalmente desafinada con el amor y la gracia divinos.

Seguro Wesley consideraría todo esto muy equivocado. El problema clave de esta manera de pensar es que pone la gracia en oposición a la renovación moral.

Para Wesley, la gracia no es una clase de licencia cursi e infantil para dejar de buscar la virtud. Sino es una expresión de un amor que, de hecho, se nos hace llegar tal como estamos y donde estamos, pero también es una mano amiga que penetra hasta lo más profundo del agente humano para reorientar y reprogramar completamente todo. Para Wesley, cualquier conflicto inventado entre la gracia divina y la ley moral, entre el amor divino y la transformación humana, tiene que ser rechazado como falso. El acto mismo de dar la ley moral, la aplicación de la ley para traer convicción del pecado y la capacidad de obedecer la ley – todos son en sí expresiones de la gracia y la generosidad de Dios. La verdadera libertad no es libertad de la ley, sino libertad para ser y hacer todo lo que la ley moral nos pide para los buenos propósitos de Dios.

Esta mención a la libertad nos lleva a la segunda "vaca sagrada" desafiada por la visión compleja de Wesley sobre la ley y la gracia. Para entender mejor lo que está en juego en este punto, es necesario que pasemos por un pequeño recorrido de tres siglos de historia cultural. Lo más importante para Wesley en su visión de la fe y las obras es una búsqueda de la integridad. Los giros y vueltas sobre este asunto son fascinantes.

Según Wesley, la integridad significa volver los agentes humanos al diseño original que Dios estableció desde el comienzo de la creación. Es decir, los agentes humanos deben vivir como personas hechas según la imagen de Dios. Aquí el vocabulario y estilo de Wesley pueden parecer antiguos, pero su visión es poderosa. Los seres humanos somos agentes robustos con verdaderas capacidades, responsabilidades y capacidades morales. Son diseñados para ajustarse a una visión de lo que significa ser "personas," y son diseñados según un plan divino que es objetivo y bueno. Clave para ese plan es vivir una vida conforme a la ley moral, una ley que es en sí una trascripción de la naturaleza divina. Por eso, la integridad significa alinearse con este plan, concordando libre y hermosamente con lo que Dios tiene planeado para nosotros. Por supuesto, hemos caído de este plan, pero Dios ha obrado en Jesucristo por medio del Espíritu Santo para alinearnos otra vez con el plan original. Dios ha venido para capacitarnos a ser y vivir como criaturas hechas conforme con la imagen de Dios. Una persona íntegra no es alguien que rechaza la ley de Dios; al contrario éste quiere alinear su vida con todo lo que Dios quiere. De esta manera, las leyes de Dios, el plan de Dios y el diseño objetivo de Dios no son cargas ni impedimentos a la existencia verdadera, sino son esenciales al orden objetivo del mundo. La integridad significa alinearse con este objetivo. Esto es exactamente lo que la gracia divina hace posible y efectúa. Al final, no hay ningún conflicto entre el deseo interno y las leyes de Dios según se practican en la iglesia. La disciplina y la sanidad caminan tomadas de la mano. Sobre este punto, Wesley estaba de acuerdo con las sensibilidades fundamentales de la tradición cristiana y estas aún estaban muy vigentes en la Inglaterra de su día.

Queda claro que para muchos en el siglo XVIII, esta correspondencia entre el deseo interno y las leyes externas de Dios comenzó a hacerse pedazos. Las

leyes de Dios y las costumbres de la iglesia y la sociedad comenzaron a verse como una carga, como algo
no auténtico y como un obstáculo a la verdadera libertad y el subjetivismo personal. De este modo, en la
tradición "romanticista"[15] el énfasis primordial caía en
el ser fiel a uno mismo, en contra de las tradiciones
rígidas impuestas por la moralidad y la religión. La
libertad no era libertad para ser todo lo que fuimos
creados para ser, sino libertad para romper con toda
costumbre y ley. La disciplina era un obstáculo a la
libertad. De este modo hubo un cambio drástico desde un concepto positivo de la libertad hacia un concepto negativo de la libertad; desde la libertad como el
cumplimiento positivo de la naturaleza de uno, hacia
la libertad como liberación de los grilletes y esposas de
las limitaciones externas. La religión tradicional era
vista como ineludiblemente opresiva e hipócrita. La
no conformidad y la interioridad vencían a la ley y la
gracia. La integridad en este universo se reducía a "ser
fiel a uno mismo" y a la forma de vida que uno mismo
escoge.

Lo que ha sucedido últimamente es lo siguiente: la
confianza alegre que era parte de la revolución román-
tica ha sido reemplazada por la desintegración del ser,
por la afirmación agresiva de los derechos, y por la
búsqueda antagonista del poder, disfrazada en términos de género, etnicidad, raza, clase social, etc. Ha
fracasado la búsqueda de una libertad desconectada de
la naturaleza y la disciplina. En muchos sectores de las
universidades hay un nihilismo insípido que rechaza
toda versión objetiva de la realidad, incluso nuestra

realidad humana como personas. Dentro y fuera de las universidades enfrentamos la búsqueda persistente del poder, algo vacío y moralmente chillón. En los frentes religiosos y políticos, vemos el avivamiento de formas de religión virulentas que coquetean con el terrorismo y con la búsqueda abierta del poder político. Y en la cultura popular nos encontramos inmersos en muestras vulgares de lujuria, violencia, consumismo y sexo, que destruyen la dignidad humana en su raíz. La integridad se ha desintegrado.

Estas descripciones son, por supuesto, exageradas. Sería tonto negar los cambios positivos que han resultado de los avances culturales y políticos de los últimos dos siglos. Pero la visión robusta de Wesley sobre la gracia y las obras, el amor y la ley, la energía y la virtud – todo esto es una medicina que nos conviene tomar. Su teísmo íntegro es, a la vez, optimista y pesimista. Su pesimismo en cuanto al pecado es más que suficiente para enfrentar hasta el más terco realista que quiere enfrentar la verdad sobre el mundo actual. Su optimismo en cuanto a la gracia es seguramente una parte esencial de cualquier botiquín espiritual que pretenda marcar una diferencia verdadera. Necesitamos la justificación y la regeneración si queremos llegar hasta el futuro que nos espera. También necesitamos el arrepentimiento, la ley moral, las obras de piedad, las obras de misericordia, los múltiples medios de gracia. La presentación teológica e institucional puede ser diferente, pero en Wesley vemos todos los requisitos claves. La integridad puede nacer de nuevo.

Capítulo 5
TODO ES POSIBLE CON DIOS

¿PODEMOS DE VERDAD LOGAR LA VICTORIA SOBRE EL MAL?

Las ideas de Wesley sobre la justificación y la regeneración no combinan bien con muchas de nuestras ideas culturales actuales. Sus ideas sobre la búsqueda de la perfección y la posibilidad de la seguridad son aún más difíciles de tragar. Wesley creía que era posible lograr en esta vida tanto la perfección espiritual como la seguridad genuina. De hecho, estas dos ideas venían tan conectadas como gemelos siameses. Es precisamente porque estas ideas son algo torpes que es tan estimulador conversar con Wesley hoy día.

"Sed, pues, vosotros perfectos, como vuestro Padre que está en los cielos es perfecto" (Mat. 5:48). Si Dios había ordenado la perfección, entonces la perfección debe ser posible. Cada mandamiento de las Escrituras es una promesa disfrazada. Está claro que Dios sabe lo que hace, y por eso no nos mandaría a hacer algo sin a la vez proveer la capacidad para hacerlo. Así dijo Wesley en su comentario sobre el versículo de Mateo:

> ¡Qué sabio y bondadoso es el Señor al resumir, como si fuera un sello, todos estos mandamientos en una promesa, la promesa misma del evangelio, que Dios "pondrá" estas "leyes en nuestra mente y la escribirá en nuestros corazones"! Bien sabía Dios que nuestra incredulidad protestaría: "es imposible!" y por eso pone en juego para que se realice todo el poder, la verdad y la fidelidad de aquel para quien todas las cosas son posibles.[16]

Consideremos otro texto difícil de las Escrituras: "Todo aquel que es nacido de Dios, no practica el pecado" (I Juan 3:9). Esta es, claramente, una declaración llamativa. Wesley insistía que la tomáramos tal como está. El verdadero creyente opera "por una fe viva, mediante la cual Dios inspira continuamente vida espiritual en su alma, y su alma respira constantemente el amor y la oración a Dios."[17] "Porque la divina simiente de una fe que obra por el amor permanece en él; y, mientras continúe en él, no puede pecar, porque es nacido de Dios. Ha sido interior y universalmente transformado."[18]

¿Cómo podríamos resumir en una manera factible lo que Wesley está diciendo? Debemos acercarnos a nuestra presa poco a poco y por analogía. Luego podemos explicar la propuesta de Wesley según sus propios términos.

Donde Wesley quiere llegar es hasta aquí: es verdaderamente posible lograr la victoria sobre los males específicos y conocidos en nuestras vidas. Pensemos en el pecado y el mal como, al principio, la trasgresión voluntaria de una ley conocida de Dios. ¿Puede Dios hacer más por nosotros que simplemente perdonar los pecados? ¿Estamos eternamente condenados a una vida de esclavitud, donde siempre nos caemos en el mismo hueco y nos levantamos lo mejor posible? ¿Tenemos que simplemente sonreír y aguantar, sabiendo que el fracaso moral es tan fijo como el sol de la mañana? ¿De verdad podemos poner límites a lo que Dios puede hacer para erradicar el pecado en esta vida? Wesley estaba convencido de que esta clase de pesimismo era mucho menos de lo que Dios había hecho cuando inauguró su reino en Jesucristo. De hecho podemos tener victoria verdadera sobre el pecado en esta vida, no por nuestros esfuerzos sino por la gracia divina.

Hasta el momento hemos tratado esta propuesta a un nivel mínimo. Hemos limitado nuestro enfoque a los males específicos. Sin embargo, esta clase de victoria moral ciertamente es de bajo nivel. Consideremos ahora una pregunta más difícil. ¿Pueden los agentes humanos pasar por una profunda reorientación en cuanto a su perspectiva y disposición morales? Pensemos en un racista incorregible, cuya vida está envenenada por el prejuicio, el odio, la falsedad, la ira y la hostilidad agresiva. Todo lo que una persona así haga y diga viene filtrado por una orientación perversa. ¿Acaso es imposible que una persona así se deshaga de una orientación tal? ¿Son las personas racistas condenadas a vivir por siempre como esclavos de sus pasiones mal orientadas? ¿Nunca pueden lograr libertad de su racismo? Podríamos decir que esto sería muy difícil, pero seguramente sería incorrecto decir que es imposible.

Consideremos ahora las personas cuya orientación está fuertemente opuesta a Dios. Su perspectiva fundamental es una de rebelión y hostilidad hacia Dios. Ahora, ¿vamos a decir que esta orientación fundamental jamás puede cambiarse? ¿Acaso podemos decir que en esta vida es imposible que se transformen a tal punto que lleguen a amar a Dios con todo su corazón, fuerza, alma, y mente? ¿Nos atrevemos a decir que es imposible que los pecadores se conviertan en santos? Wesley estaba convencido de que era posible que los creyentes se intoxicaran y se llenaran tanto del amor de Dios, que verdaderamente cambiarían hasta lo más profundo de su ser. Podrían llegar en su relación con Dios a tal punto que la desobediencia contra Dios ya no sería una opción viva para ellos. La orientación y la energía para esta clase de vida no vienen del esfuerzo humano sino de la gracia divina. Esa solo el Espíritu Santo, derramado constantemente en el alma humana, que puede efectuar tan drástico cambio.

MEJORANDO LA EXCELENCIA

Al explorar la posibilidad de la transformación radical, he evitado el lenguaje que el mismo Wesley usaba. De hecho, Wesley no tenía una sola formulación verbal de su posición. Lo que le importaba era la sustancia de esa posición. Por eso podía hablar de la perfección cristiana, la entera santificación, el amor perfecto, la circuncisión del corazón, el cumplimiento de la ley de Cristo, la santidad de corazón y vida, la unión con Dios, la llenura del Espíritu Santo, el amor a Dios con todo nuestro corazón y al prójimo como a nosotros mismos, y frases así. Su versión favorita era una frase bíblica: tener la mente de Cristo y caminar como Él caminó. Estaba igual de feliz de usar la poesía para expresar el punto:

"O, ¡concede que nada en mi alma
more, menos tu amor puro!
O, que tu amor me posea entero,
Mi alegría, mi corona y tesoro;
Quita de mi corazón pasiones ajenas;
¡Que sea amor todo acto, palabra, e idea!"

Es claro que lo que Wesley busca aquí es la idea de la pureza de intención, una idea que no es ajena a la tradición cristiana.

Al desarrollar su doctrina de la perfección cristiana, Wesley tomaba de una importante corriente en el pensamiento cristiano, una que ya tenía lugar en la tradición oriental de la iglesia antigua. El impulso hacia la santidad manifiesta también estaba muy presente en el Occidente católico. Sin embargo, la tradición protestante había sido mucho más cautelosa. El sentido que se percibe en mucho de la tradición luterana es que uno siempre es a la vez santo y pecador. Por eso, debemos sonreír y aguantar lo más posible. En la tradición reformada-calvinista, el mensaje básico es que uno simplemente tiene que luchar de un día a otro, hasta la muerte. Lo más que uno puede esperar es un avance fijo, pero radicalmente incompleto, contra el mal. Wesley nunca negaba la necesidad de luchar contra el mal. Tampoco negaba que mayor avance fuera clave y posible. Para él, la perfección no era ni impecable ni absoluta, sino de hecho era una perfección "cristiana." En este punto su selección de palabras pudo ser desafortunada, pero, como ya se notó, a él le interesaba más la sustancia que la forma de expresión.

En un lenguaje sólido y sencillo, Wesley presenta su caso de forma negativa y de forma positiva. De manera negativa, él admite que es imposible que nos libremos de la ignorancia, los errores y las enfermedades. Así que a los cristianos siempre les van a faltar muchas clases de conocimiento. Cometerán errores sobre los hechos y en sus juicios. Y bien pueden demostrar "la debilidad o la lentitud del entendimiento, la torpeza o confusión en la comprensión, la incoherencia del pensamiento, la velocidad irregular o pesadez de la imaginación."[19] Claro que tales limitaciones niegan la posibilidad de una perfección impecable o absoluta. Si nos equivocamos en nuestro entendimiento, entonces inevitablemente nos equivocamos en nuestras acciones.

Entonces, ¿qué es verdaderamente posible? Es posible ser libre del pecado externo, es decir "el cese del acto externo, de toda trasgresión externa de la ley."[20] Dicho más positivamente, es posible ser libre de pensamientos y estados de ánimo malos y pecaminosos. Sobre el primero (los pensamientos), Wesley apela a la experiencia de Pablo:

'Las armas de nuestra milicia no son carnales,' dice Pablo, 'sino poderosas en Dios para la destrucción de fortalezas, derribando argumentos' (o 'razonamientos,' porque esto significa la palabra *loguismoús*, todos los razonamientos de orgullo e incredulidad en contra de las declaraciones, promesas y dones de Dios) y toda altivez que se levanta contra el conocimiento de Dios, y llevando cautivo todo pensamiento a la obediencia de Cristo.'[21]

Sobre el segundo (los estados de ánimo), apela a la palabra de Jesús. Libertad de los humores "es evidente por la declaración antes mencionada de nuestro Señor: 'El discípulo no es superior a su maestro; mas todo el que fuere perfecto será como su maestro.'"[22]

Al trabajar en sus ideas de la perfección, Wesley hace una analogía interesante entre la justificación y la santificación. Tarde o temprano, la persona abrumada de culpa llega al punto donde se da cuenta de que no puede avanzar más hasta que Dios le perdone de verdad. Entonces, hay un proceso claro. Primero, uno se da cuenta del problema, luego uno escucha de la posibilidad del perdón divino, luego uno logra entender que el perdón sí es posible personalmente (ahora y para mí), y en buena hora Dios habla y libra al pecador. La justificación ocurre allí en ese momento, instantáneamente. Puede suceder lo mismo con la entera santificación. En este caso el problema no es la culpa por el pecado, sino el poder del pecado. Hay un proceso parecido. Primero, uno se da cuenta de su incapacidad total de corregir el problema del pecado, luego uno logra entender que la libertad sí es posible, luego uno comienza a anhelarla, luego uno logra una plena confianza de que el verdadero cambio es posible, y así sigue.

A esta confianza, en que Dios tiene tanto la capacidad como la voluntad de santificarnos ahora, debe agregarse una cosa más: una evidencia y convicción divinas de que lo hace. En ese momento ya está hecho. Dios dice en lo más profundo del alma: 'Conforme a tu fe te sea hecho.' Entonces, el alma está purificada de toda mancha de pecado; está limpia de toda maldad. Entonces, el creyente experimenta el significado profundo de aquellas solemnes palabras: "Si andamos en luz, como él está en luz," tenemos comunión unos con otros, y la sangre de Jesucristo su Hijo nos limpia de todo pecado.[23]

Tanto en el caso de la justificación como de la santificación, la fe es clave. Aunque muchas clases de "obras" son esenciales en un sentido secundario, la fe es la única condición necesaria. Además, por lo general Dios otorga la justificación y la santificación de manera instantánea. Hablando de la segunda de estas, Wesley escribe:

¿Pero efectúa Dios esta gran obra en el alma gradual o instantáneamente? Quizás en algunos puede ser llevada a cabo gradualmente; no advierten el momento preciso en que el pecado deja de ser. Pero es infinitamente deseable, si así fuese la voluntad de Dios, que se realice instantáneamente; que el Señor destruya el pecado por el aliento de su boca, en un momento, en un abrir y cerrar de ojos. Y generalmente así lo hace, de lo cual concretamente hay suficiente evidencia como para satisfacer a cualquier persona sin prejuicios.[24]

Es ahora cuando hasta el lector más receptivo perderá la paciencia con Wesley. Ya es bastante difícil creer que las personas pueden convertirse en santos en esta vida; es aún más difícil creer que podemos saber que esto de verdad ha sucedido en casos particulares. Seguramente, si es que hay santos, la humildad hace necesario que su estado de santo sea asunto para el discernimiento divino y no el juicio humano. Y seguro el último de enterarse de su estado de santo es el santo mismo. ¿Cómo es que Wesley piensa así? Al tratar esta pregunta, pasamos al asunto de la seguridad y la certidumbre.

¿DE VERDAD PODEMOS ESTAR SEGUROS DE DIOS?

Wesley estaba convencido de que los agentes humanos no solo pueden lograr la perfección, sino que también pueden tener la seguridad de haberla logrado.

Más convincentemente, estaba convencido de que los creyentes pueden tener la seguridad de que sus pecados son perdonados y que son hijos de Dios. Como su propuesta sobre la seguridad de la perfección es, de hecho, una extensión de esta propuesta más básica, entonces conviene comenzar con ese punto para tener fijo lo que él quiere decir. La propuesta central es que el creyente individual puede realmente saber que Dios le ama de una manera íntima y personal. De hecho, es la conciencia de este amor íntimo y personal de Dios lo que abre camino para la vida de fe. Nosotros amamos a Dios porque primero Él nos amó. Nuestro amor a Dios es un amor receptivo; se genera del lado divino por el derramamiento del amor de Dios en nuestros corazones. Es también un amor expresivo; amamos a nuestro prójimo porque Dios también le ama, y queremos amar lo que Dios ama. Además, es porque el amor de Dios se ha derramado en nuestros corazones que somos capaces de amar al prójimo. Hay una conexión espiritual y psicológica muy íntima entre la transformación personal según la visión de Wesley de la santificación, y nuestra conciencia del amor de Dios para con nosotros mismos.

Es importante conceder la credibilidad inicial de la propuesta básica de Wesley. Dada la naturaleza de Dios y el contenido del evangelio cristiano, seguramente sería extraño pensar que Dios quiere que sus hijos deambulen sin seguridad alguna sobre su identidad o estado espiritual. Sin duda, un Dios amoroso desea que sus criaturas especiales, a quienes ha hecho conforme su propia imagen y quienes ha salvado a tan alto costo, conozcan algo del amor profundo que tiene por ellos. Aquí hay un vínculo claro con la regeneración. Nacer de nuevo es convertirse en un hijo o una hija de Dios; es ser adoptado/a en la familia de Dios. Imaginemos unos padres que dejan que sus niños deambulen sin conciencia alguna de quiénes son o cuánto son amados. Pensar en Dios como un Padre es imaginarse un Dios que se preocupa personalmente por sus hijos, y por eso expresa su cuidado por sus hijos espirituales de una manera íntima. Pensar en Dios como una madre que no puede ignorar a su bebé (una imagen bíblica que Wesley fácilmente usó) es imaginar a un Dios que expresaría su compromiso con sus hijos en maneras tangibles.

El texto favorito de Wesley sobre la seguridad hace uso claro de esta imagen paternal: "Cuando clamamos '¡Abba! ¡Padre! es ese mismo espíritu que da testimonio a nuestro espíritu que somos hijos de Dios" (Rom.

8:15-16). La otra metáfora que le encantaba a Wesley también es muy visible en este texto. Es una imagen tomada de los tribunales, es decir la idea del testimonio del Espíritu Santo. Aquí la idea básica es de alguien que dice la verdad. Usted está luchando hacia la fe y se pregunta si Dios verdaderamente le ama. Ya sabe que Dios ama a los demás; sin embargo, no sabe si este amor es para usted también. Entonces Dios manda a un testigo, el testimonio de su Espíritu Santo. Es como si Dios hablara dentro de usted, a su corazón, y usted sabe internamente que el amor de Dios se extiende hasta usted. La idea de usar este lenguaje de testimonio es señalar que usted solo puede depender de esta voz interior. En los tribunales, un buen testigo no habla de chisme ni de información de segunda mano, sino que habla de manera fiable sobre lo que conoce. En este caso sabemos que el testigo es completamente fiable porque es el mismo Espíritu Santo, dando el testimonio de Dios mismo. Con base en esta experiencia, ahora usted percibe que Dios verdaderamente le ama, igual que percibe que hay mesas o sillas o buenos amigos a su alrededor. Es capaz de relacionarse con Dios en términos de intimidad y libertad, llamándole "Padre" sin presunción ni vergüenza. De paso, esta percepción del amor de Dios por usted provoca un cambio de corazón y acción, y ahora tiene el testimonio adicional de su propio espíritu de que es un hijo de Dios.

Antes de Wesley, muchos teólogos habían escrito del testimonio interno del Espíritu Santo. Usaban esta idea en una de las siguientes dos maneras. Algunas la usaban para fijar la lista de libros en el canon de las

Escrituras. Según esta teoría, uno sabe que la Biblia actual es canónica porque Dios da testimonio en su corazón. A Wesley esta teoría no le interesaba en lo absoluto. Wesley volvió a Pablo, quien en Romanos 8 claramente estaba pensando en una clase de testimonio que no tenía nada que ver con cuáles libros deben estar en la Biblia. La segunda manera de tomar esta idea de testimonio era en términos de los frutos del Espíritu. Uno llega a tener seguridad sobre su estado como hijo de Dios por medio de un argumento. Es decir, uno comienza con la idea de que cada hijo de Dios muestra algún fruto del Espíritu, como el amor, el gozo, la paz, etc. Luego revisa si uno mismo muestra estos frutos. Si los muestra, uno deduce que es hijo/a de Dios. Wesley negaba ver esto como el testimonio del Espíritu Santo. Tal vez veía que el argumento da un fundamento no muy sólido para la seguridad. Después de todo, mientras más nos acercamos a Dios, más nos damos cuenta de nuestro pecado y debilidad. Así que Wesley buscaba un análisis más profundo del testimonio interno en nuestro encuentro y experiencia personal con Dios. Es este encuentro previo que provoca el fruto del Espíritu Santo, y éste por supuesto puede verse luego como el testimonio de nuestro propio espíritu, un testimonio confirmado por el testimonio más fundamental del Espíritu de Dios.

En su propia manera, Wesley está juntando varias clases de evidencia para su análisis. El testimonio de nuestro espíritu es una forma de deducción, donde la información viene de las Escrituras y la introspección. Así que, de las Escrituras aprendemos las marcas de los hijos de Dios, y por la introspección podemos discernir si tenemos o no esas marcas.

Este es, pues, el testimonio de nuestro espíritu, el testimonio de nuestra conciencia que Dios nos ha dado, para que seamos limpios de corazón y santos en nuestra conducta. Es la conciencia de haber recibido, por medio del Espíritu de adopción, los dones mencionados en la Palabra de Dios y que pertenecen a sus hijos adoptivos: un corazón amante de Dios y del género humano, con la fe de un niño en Dios nuestro Padre, sin desear nada sino su comunión, depositando todos nuestros cuidados sobre él, abriendo nuestros brazos para recibir a toda la humanidad con sinceridad y amor fraternal, dispuestos a dar nuestra vida por nuestro hermano, como Cristo puso su vida por nosotros; la conciencia de que, interiormente, somos conformados por el Espíritu de Dios a la imagen de su Hijo y de que caminamos ante su presencia en justicia, misericordia y verdad, haciendo las cosas que son agradables ante su presencia.[25]

El testimonio del Espíritu es lógicamente distinto de esta deducción. Es agregado y juntado al testimonio de nuestro espíritu. Wesley describe esta evidencia adicional de la siguiente manera:

Ciertamente, no hay palabras que puedan expresar adecuadamente la experiencia de los hijos de Dios. Pero tal vez uno pudiera decir (deseando que alguien, inspirado por Dios, corrija, dulcifique o fortalezca la expresión),

103

que el testimonio del Espíritu es una impresión interna en el alma por medio de la cual el Espíritu de Dios directamente da testimonio a mi espíritu de que yo soy un hijo de Dios; que Jesús me amó y se dio a sí mismo por mí; que todo mis pecados han sido borrados; y que, aun yo mismo, estoy reconciliado con Dios.[26]

Wesley está completamente consciente del escepticismo que esta clase de propuesta subjetiva puede provocar. ¿Acaso no puede ser uno engañado por si mismo? ¿Acaso no hay un verdadero peligro de la presunción espiritual? Wesley se enfrenta directamente a estos problemas. Las Escrituras dicen claramente cuales son las marcas de los hijos de Dios. Ellas describen de la manera más clara qué es lo que está en juego en la experiencia espiritual genuina y los frutos espirituales genuinos. Así que el lector atento puede averiguar para si mismo lo que está en juego. Además, el diablo no está en el negocio de producir tales experiencias y frutos, sino que está firmemente en contra de todo este asunto y dedicado a fomentar el pecado y no la santidad. Al final, por supuesto, hay un elemento irreducible de percepción espiritual:

¿Cómo, te pregunto, distingues entre el día y la noche, entre la luz y las tinieblas o ente el brillo de una estrella o el titilar de una vela y la luz del sol en pleno medio día? ¿No hay una inherente, obvia y esencial diferencia entre lo uno y lo otro? ¿Y no percibes inmediata y directamente la diferencia por medio de tus sentidos? De la misma manera, hay una diferencia inherente y esencial entre la luz espiritual y la tiniebla espiritual; y entre la luz con que el sol de justicia alumbra nuestros corazones y la luz vacilante de las chispas que se levantan de nuestras teas. Esta diferencia se percibe inmediatamente si nuestros sentidos espirituales están dispuestos.[27]

Ahora, si el escéptico necesita de más ayuda en cuanto a la fiabilidad de estos sentidos espirituales, Wesley niega la suposición detrás de tal petición. Sobre este punto hay una capacidad básica de percepción que aceptamos o negamos. Es decir, como en el caso de la percepción ordinaria, o confiamos en nuestro sentido espiritual o no le confiamos: "Exigir una descripción más detallada de estas señales y del criterio que usamos para conocer la voz de Dios, es pedir lo que no se puede obtener. No, ni siquiera por quienes tienen el más profundo conocimiento de Dios."[28] En el caso del testimonio del Espíritu:

> quien tiene este testimonio en sí mismo no lo puede explicar a quien no lo tiene, ni se espera que pueda hacerlo. Si hubiera algún método natural para probar o explicar las cosas de Dios a personas carentes de esta experiencia, entonces el ser humano natural podría discernir y conocer las cosas del Espíritu de Dios. Pero esto es completamente contrario a la afirmación del Apóstol: "El hombre natural no percibe las cosas que son del Espíritu de Dios, porque para él son locura, y no las puede entender." Estas se han de discernir por medio de los sentidos espirituales, de los que carece el ser humano natural.[29]

Fíjese de nuevo en que Wesley aplica la doctrina de la seguridad tanto a la justificación como a la santificación. Podemos ver la razón, porque Wesley estaba tejiendo una red compleja de evidencia para apoyar la idea de que el creyente puede tener conocimiento íntimo de Dios. En su propia manera estaba desarrollando una forma de argumento típicamente anglicano, al juntar una red de evidencia en un solo caso cumulativo. Así que apela al escuchar de la voz de Dios en su alma, al testimonio de las Escrituras y a la transformación radical que sucede en la vida del converso cristiano. Por eso, debido a la naturaleza de su argumento, no puede limitarse simplemente a esta o esa forma de experiencia religiosa. Tomando las Escrituras como su suposición de fondo, Wesley se basa en la plenitud de la experiencia cristiana, manifiesta tanto en momentos de crisis aguda como en el proceso constante del viaje espiritual de uno desde el pecado hacia la santidad.

EL DESAFÍO PERSONAL Y SOCIAL DE LA EXPERIENCIA ESPIRITUAL

Le costó un tiempo a Wesley entender plenamente la experiencia del testimonio interior del Espíritu Santo en su propia vida. Al descubrir esta idea en la teología de los moravos a finales de los 1730s, comenzó creyendo que todo cristiano debía tener esta clase de seguridad. Era un impetuoso impaciente que intentaba presionar a sus oyentes con sus propuestas. No sorprende entonces que muchos buenos cristianos fueran ofendidos, y que muchos teólogos destacados lo atacaran. Con los años se suavizó, y reconoció que no todo cristiano experimenta el amor de Dios según los términos que él había elaborado tan cuidadosamente. De hecho, entró en una etapa difícil en su propio viaje, lo cual reportó a su hermano en junio 1766, cuando pensó por un tiempo que nunca había sido un cristiano. Se recuperó de esta crisis, y con los años logró hacer una distinción entre la fe de un siervo y la fe de un hijo. Lo ideal era tener la fe de un hijo; era bueno estar explícitamente consciente del amor de Dios de una manera subjetiva. Sin embargo, uno puede tener la fe de un siervo y vivir una vida agradable a Dios; uno puede ser aceptado por Dios sin tener plena seguridad de esta aceptación. Así que Wesley desarrolló una visión de los grados de fe para poder aceptar lo complejo de la experiencia cristiana de Dios.

Aquí vemos la teología de Wesley tambaleándose un poco. O tal vez debemos decir que él se hizo más sabio con el paso del tiempo. Felizmente, también logró entender que la gente puede conocer a Dios sin siempre concordar sobre las expresiones verbales precisas para describir su experiencia de Dios. Él luchaba arduamente por una unidad de fe que proveería la diversidad y la libertad de expresión, aunque fracasó en fijar la unidad deseada porque tantos sospechaban de su ortodoxia.

Es importante ver que esta doctrina sutil del testimonio interno del Espíritu Santo tenía consecuencias sociales profundas. Por decir una cosa, funcionaba como un gran "nivelador" entre las clases sociales. La gente del populacho podía saber que eran hijos de Dios. Este estado sobrepasaba cualquier otra designación que podríamos nombrarles. Era mejor y más elevado ser un hijo/a de Dios que ser una princesa, o un miembro de la clase alta, o un académico, o el favorito en la oficina, etc. Una de las mujeres de la clase alta de esa época sí entendía el mensaje. Según escribió a una amiga:

> Le agradezco a su excelencia la información concerniente a los predicadores metodistas. Sus doctrinas son de las más repulsivas y fuertemente teñidas de una impertinencia y falta de respeto hacia sus superiores, al constantemente intentar nivelar todos los rangos y erradicar toda distinción. Es una barbaridad que le digan a uno que tiene el corazón tan pecaminoso como cualquier desdichado común que se arrastra sobre la tierra. Esto es algo altamente ofensivo e insultante, y me pregunto por qué a su señoría le encantaría un sentimiento tan opuesto al alto rango y la buena educación.[30]

Así que, en el corazón de la visión que Wesley tenía de un cristiano, estaba la emancipación de los estereotipos y las cadenas de la sociedad convencional. No sorprende el que Wesley encontraba una audiencia ya preparada entre los que estaban en la parte baja de la cadena alimentaria. La gente encontraba un sentido de dignidad que era excitante y liberador. Otra consecuencia se manifestaba en el culto. Los que experimentaban a Dios en esta manera eran exuberantes en su adoración y alegres en sus reuniones. Los himnos de Carlos Wesley eran una ayuda tremenda en este punto. A lo largo de su vida, escribió unos siete mil himnos y poemas. Estos les daban a los cristianos promedios tanto un juego de conceptos par describir su experiencia, como una manera común para agradecerle a Dios juntos. Durante sus tiempos de alabanza, a los primeros metodistas les encantaba escuchar testimonios de los logros espirituales de otros y felizmente compartían sus propias historias como una manera de alentar a los que todavía buscaban la fe.

LA COMPLEJIDAD Y LA SIMPLICIDAD
DE LA VIDA CRISTIANA

Viendo hacia atrás y observando todo el panorama, vemos que Wesley proveía una visión particular de la vida cristiana, una visión digna de apreciarse. Él era un luterano en cuanto a insistir en la justificación como primordial. Era un reformado-calvinista en cuanto a creer que lucharemos contra el pecado hasta la tumba. Era un anglicano en cuanto a esperar que Dios opera objetivamente en los sacramentos para transmitir la gracia. Era un católico romano en cuanto a creer que la bondad o la santidad manifiesta es una posibilidad real en esta vida. Era un pentecostal en cuanto a enfatizar el papel clave de una experiencia explícita del Espíritu Santo en nuestras vidas. Y era un ortodoxo oriental en cuanto a ver a los humanos como verdaderos agentes en el gran drama de la salvación, por medio de la gracia. Todo esto hace que Wesley sea para muchos como un perro cruzado; parece que tiene algo de muchas razas.

Se podría pensar que la gran virtud de esta visión es precisamente su complejidad y su sensibilidad espiritual. Pero debemos ser cautelosos con nuestro juicio. Debemos enriquecer esta visión de la vida cristiana aún más si vamos a hacerle justicia al misterio de la acción de Dios en nuestras vidas. Lo que quiero decir es esto. Primero, es claramente posible que la gente es llevada a las alturas de la santidad sin tener ni pista sobre la justificación. Esto hubiera desconcertado a Wesley, porque a él le gustaba trazar cuidadosamente un mapa de todo y porque le convencía mucho la visión de Lutero sobre la justificación. Sin embargo, hay muchos santos en la iglesia que han llegado a la fe por la puerta de la santificación y aún no han entendido explícitamente la justificación o la seguridad. Segundo, aquí no hay suficiente campo para la oscuridad profunda y el sufrimiento que forman parte del viaje de fe. Podemos apreciar el toque de alegría, de triunfo y de felicidad espiritual, pero también debemos aceptar que hay periodos cuando no tenemos nada entre nosotros y Dios salvo su Palabra en el evangelio y los sacramentos. Si no hay campo para esta clase de lucha, sufrimiento y oscuridad, nuestra visión será empobrecida e irreal. Wesley trataba de estos asuntos solo de una manera parcial y tibia.

Al levantar estas objeciones a la visión de Wesley de la vida cristiana, me expongo a una crítica obvia. El lenguaje de Wesley, aunque es bíblico y consagrado por siglos de uso cristiano, es muy antiguo. Le servía bien en el siglo XVIII, pero si queremos alcanzar la gente hoy, suena a disparates. Entonces está claro que debemos buscar una manera de actualizar las ideas de Wesley para que se comuniquen de manera eficaz a nuestra generación. ¿No debemos usar los términos contemporáneos del lenguaje de hoy, en vez de usar este viejo y pasado lenguaje de Sion?

Wesley tiene una respuesta muy profunda a esta crítica. Esta estrategia de comunicación evangelística ignora el significado clave del pecado. Presume que la gente ya conoce el problema que el evangelio trata, cuando en realidad la gente está completamente confundida y hasta ignorante de su aprieto. Es una ficción pensar que la gente siempre va a considerar el mensaje cristiano como comprensible o creíble cuando lo encuentra por primera vez. A veces lo más eficaz para traer la gente a la fe es precisamente la clase de santidad manifiesta y seguridad humilde que Wesley tanto quería ver entre los cristianos. Los santos son evidencia poderosa de la realidad de Dios.

Como vimos antes, Wesley explica la dificultad en darle sentido al mundo por medio de un antiguo juego de distinciones entre la persona natural, la personal legal, y la persona evangélica. O bien habla de la persona en un estado natural, un estado bajo la ley, o un estado bajo la gracia. Las personas naturales son los pecadores dormidos que no tienen ninguna idea de su aprieto. Creen que todo va bien con ellos y con el mundo. De hecho están dormidos, ciegos y demasiado seguros en sus ilusiones. Se jactan de su libertad y creen que las personas religiosas son adictas a la superstición y la intolerancia. Luego la realidad les da un golpe. De una manera u otra, se dan cuenta que no son los grandes héroes morales que se creían. Tal vez se muere un gran amigo en un accidente, y el funeral es un momento de iluminación. Se dan cuenta de la realidad asombrosa de Dios y de la gran distancia entre sus pecados y la santidad de Dios. Ahora están bajo la ley, heridos de espíritu, desesperados por mejorarse como personas, y para colmo, miserables. Escuchando la voz interior del Espíritu de Dios y leyendo el evangelio, comienzan a soñar con ser aceptados por Dios y convertirse en lo que en el fondo siempre han querido ser. Ahora están bajo la gracia, por primera vez en sus vidas comienzan a entender todo el sinsentido religioso de la tradición cristiana.

En estas circunstancias es superficial la estrategia de traducir el lenguaje de la fe a la jerga de las calles. El intento es bueno y hasta hay un grano de verdad para ofrecer. Es sabio desarrollar algunas analogías contemporáneas que captan de manera viva las grandes verdades del evangelio. Sobre este punto, las capacidades poéticas de Carlos Wesley eran una gran bendición al principio del metodismo. Sin embargo, es un error pensar que la gente está dispuesta a rendirse y aceptar la fe cristiana simplemente porque nosotros encontramos una manera de hacerla comprensible a ellos. Esto sería ignorar el escándalo de la fe. Ver lo que está en juego con la salvación requiere una revolución intelectual que sacude los fundamentos de la visión que uno tiene de si mismo. La oscuridad y los fallos cognitivos son tan grandes que se necesita la gracia divina para despertarnos de nuestro sueño dogmático. Debemos dejar que las propuestas de la fe pongan en entredicho las presunciones intelectuales de nuestra época, en vez de rendirnos delante de la primera muestra de oposición. Además, no es siempre fácil explicar las cosas profundas de Dios, incluso a los creyentes veteranos. Así que, depender de estrategias de traducción, o de analogías fáciles, o de técnicas de iglecrecimiento solo para calmar nuestras ansiedades, sería desastroso para la iglesia a largo plazo. Debemos mantener nuestro valor, orar por la ayuda divina, y lanzarnos valientemente a pesar de la oposición y la burla. Hacer un trato con el mundo sobre este punto y revisar la fe para complacer sus deseos, sería simplemente equivocado e ineficaz.

Capítulo 6
LA AYUDA ESTÁ EN CAMINO

DENME A JESÚS PERO NO SU CUERPO

A finales de los años 1730 el hermano mayor de John Wesley, Samuel, no estaba muy impresionado con las afirmaciones espirituales de su hermano menor. "Como le dije a Jack [nombre familiar para Juan], no tengo miedo de que la Iglesia lo excomulgue, la disciplina está demasiado decaída; sino de que él excomulgue la iglesia."[31] Samuel murió durante los primeros días del metodismo, así que no estuvo cerca para ser testigo del posible cumplimiento de su profecía. Sin embargo, había puesto su dedo en un problema perenne para todos los renovadores en la historia de la iglesia, a saber, su constante peligro de subestimar el lugar crucial de la iglesia en la vida de la fe. Los jóvenes y entusiastas convertidos y evangelistas como Wesley son propensos a enemistarse con la iglesia. Tienden a mirar a la demacrada vieja madre, quejarse sobre su salud y olvidarse de que sus propios hijos e hijas han causado los rasgos arrugados y curtidos de su cara.

Las quejas de Wesley contra la iglesia eran comprensibles. Aquí estaba con muchas bocas que alimentar y almas que sanar, pero la madre iglesia no estaba ayudando al extremo deseado. La iglesia estaba preocupada con otros asuntos. Aquí Wesley estaba yendo por los caminos principales y los secundarios para reunir a los enfermos, los lisiados y los heridos, pero el personal del hospital general era incompetente. Los doctores tenían las medicinas y los recursos para curar, pero ya no tenían la voluntad ni las destrezas para usarlas apropiadamente. Wesley estaba seguro de que el Espíritu Santo estaba obrando en el ministerio de la iglesia, pero el Espíritu Santo no es un dispositivo que ahorra trabajo. Depende de varios medios e instrumentos para sacar el pecado y atraernos a una vida de santidad. Wesley mismo funcionaba como medio de gracia en su cargo como sacerdote ordenado de la Iglesia Anglicana, porque Dios obra por medio de causas humanas y no a pesar de ellas. Por consiguiente, había dimensiones institucionales e instrumentales inextirpables a la obra del Espíritu Santo.

De manera que, ¿qué tenía que hacer Wesley cuando la iglesia institucional había fracasado en hacer su trabajo efectivamente? ¿Qué tenía que hacer con obispos incrédulos y perezosos? ¿O con colegas ebrios en el sacerdocio que incitaban al populacho contra él? ¿O con regulaciones que le impedían predicar en las parroquias a lo largo de la nación? ¿O con intelectuales en lugares de privilegio que lo atacaban sin misericordia? ¿O con oponentes vulgares que llegaron tan lejos como hasta dejarlo afuera de la propia parroquia de su padre? Wesley nunca encontró una salida coherente a estos dilemas práctica o teológicamente. Sin embargo, observarlo cambiarle la dirección al viento es una experiencia saludable para el teólogo principiante. Al fin y al cabo, Wesley se conformó con un pragmatismo piadoso asegurado por su biblicismo y su sentido común.

Por un lado, Wesley se mantuvo leal a la Iglesia Anglicana lo mejor que pudo. De esta manera se mantuvo en contacto con obispos amigos, reclamó para sí la herencia anglicana, impulsó a sus convertidos a ir a los servicios y participar de los sacramentos, combatió los cismas y la separación hasta el día de su muerte, no quiso saber nada de laicos que servían la comunión bajo la sola autoridad de una licencia insignificante, y así sucesivamente. Por otro lado, introdujo una cantidad de prácticas espirituales complementarias que tenían toda clase de efectos imprevistos, e hizo al menos un par de cosas penosas que son todavía secretos vergonzosos. Contrató a un obispo ortodoxo-oriental poco conocido para ayudar con las ordenaciones y, al fin y al cabo, Wesley mismo ordenó a varios predicadores para el trabajo en Norteamérica y Escocia. Wesley razonó estas decisiones con una exposición de historia, sabiduría práctica y lógica. Lo que revelan es que Wesley estaba dividido entre la parte institucional y la parte conveniente en su pensamiento sobre la iglesia. Simplemente quería mantener las puertas abiertas para todos, pero la Iglesia no sabía qué hacer con sus invitados malolientes.

No sorprende el hecho de que Wesley enmarcó los problemas cruciales que realmente importaban, en términos de la gracia. Vio la Iglesia más como un medio para un fin que como intrínsecamente significativa. Este punto de vista explica muchos de sus comentarios dispersos sobre la iglesia y la novedad de sus prácticas. Lo que importaba primero era que las personas encontraran a Dios. Ciertamente, Wesley se alejó tambaleante de la definición protestante tradicional de la iglesia visible como una congregación de fieles en la que la pura Palabra de Dios se predica y los sacramentos son apropiadamente administrados. Claramente la Iglesia Católica Romana no cumplía estas condiciones; a veces enseñaba el error y era supersticiosa en sus prácticas, no obstante, dentro de sus límites estaban aquellos que poseían una fe viva en Dios; por lo tanto, esta definición necesitaba ser revisada. Durante la mayoría de los días de la semana, Wesley da la impresión de ser un voluntarista en su doctrina de la iglesia. La iglesia simplemente es la comunidad reunida de creyentes en cualquier lugar. Wesley nunca reconcilió esto con su trasfondo de alta iglesia anglicana o sus sensibilidades.

Dudo de que esto lo molestara mucho. La primera preocupación de Wesley era la salvación de almas; Dios había suministrado varios medios para la recepción de la gracia y la mayoría de estos medios eran prácticas estándares de la iglesia. Así que el desafío teológico era describir los medios de gracia y persuadir a las personas a usarlos apropiadamente. Wesley dejó las prácticas de trasfondo de la iglesia para quedarse en su lugar y hacer su trabajo.

APEGÁNDOSE A LAS PRIORIDADES Y AL USO APROPIADO

Los puntos de vista de Wesley sobre los medios de gracia son expuestos en un sermón, "Los medios de gracia", que se ubica hacia el final de los sermones que tratan sobre la manera de convertirse y ser un verdadero cristiano, pero antes de la descripción que hace Wesley del carácter y el fundamento de la moralidad cristiana. Wesley comienza con una simple observación de que bajo la dispensación cristiana, Dios ha ordenado ciertos medios como los canales usuales de su gracia. Solamente un pagano negaría este hecho; claramente podemos ver la práctica de la iglesia primitiva como se describe en Hechos 2. Dos demandas, sin embargo, condujeron a problemas. Primero, al enfriarse el amor, las personas comenzaron a confundir los medios con el fin, sustituyendo las formas externas por la realidad interna. Consecuentemente, los medios fallaron en funcionar apropiadamente y algunas personas infirieron que eran obviamente inútiles. Segundo, varios líderes santos y venerables comenzaron a despreciar los medios de gracia en nombre la religión interior, y con el tiempo otras personas llevaron esto hasta el punto donde rechazaron la afirmación de que Dios había designado varios canales para hacer llegar la gracia. Esta conclusión fue confirmada por el hecho de que algunas personas claramente han experimentado la gracia sin ninguna forma externa. La solución a este trágico desarrollo, como lo vio Wesley, fue regresar al principio y pensar en la necesidad y funcionamiento apropiado de los medios de gracia.

Los medios de gracia son "las señales exteriores, las palabras o acciones ordenadas e instituidas por Dios con el fin de ser los canales *ordinarios* por medio de los cuales pueda comunicar a la criatura humana su gracia anticipante, justificadora y santificadora."[32]

> Los medios principales son: la oración, ya sea en privado o en la gran congregación; el estudio de las Escrituras (que significa leer, escuchar y meditar sobre ellas), y la cena del Señor: participar del pan y del vino en su memoria. Creemos que estos medios fueron instituidos por Dios como los canales ordinarios para comunicar su gracia a las almas del género humano.[33]

Como se esperaría en un sermón, Wesley no cubre todo aquí. Esta lista no incluye el bautismo, por ejemplo. Tampoco incluye las prácticas metodistas distintivas que Wesley desarrolló, tales como reuniones de clase, ligas, ágapes, servicios de pacto, servicios de vigilia y las Reglas Generales que pidió que fueran obedecidas por aquellos que estaban bajo su cuidado. Estos medios recibieron atención en otra parte y fueron implementados conforme se fueron necesitando en su ministerio. La preocupación inicial de Wesley era establecer los principios en juego.

En otra parte Wesley se refirió a las prácticas distintivas recién mencionadas como obras de piedad:

> Pero, ¿son [las obras de piedad] los únicos medios de gracia? ¿No hay otros medios aparte de estos con los que Dios esté complacido, frecuentemente, sí, ordina-

riamente para conferir su gracia a aquellos que le aman y temen? Seguramente hay obras de misericordia, así como obras de piedad, que son verdaderos medios de gracia. Los son especialmente para aquellos que los realizan con una visión clara. Aquellos que los descuidan no reciben la gracia que de otra manera tendrían. Sí, y ellos pierden, por un descuido continuado, la gracia que habían recibido. Por consiguiente, ¿no es que muchos de los que una vez fueron fuertes en la fe ahora son débiles e indecisos? Y, sin embargo, no son sensibles en cuanto a la procedencia de esa debilidad, dado que no niegan ninguna de las ordenanzas de Dios.[34]

La idea de obras de misericordia es extraña, pero es fácil de seguir. Con frecuencia nos damos cuenta de que podemos hacer progreso en la vida espiritual al olvidarnos de nuestra actividad religiosa y de nosotros mismos, y dedicarnos a satisfacer las necesidades de otras personas. Por lo tanto, alimentar al hambriento, ayudar al extraño y visitar a quienes están en la cárcel no son solo deberes apremiantes; también son buenos para el alma. Wesley, de hecho, desarrolla el concepto de obras de misericordia en un sermón, "Sobre la visita a los enfermos." En este caso Wesley deja en claro la manera en que la gracia está implicada. Una vez que nos damos cuenta cuán demandante es esta obra, de buena gana apelamos a Dios por ayuda y la obtenemos. Necesitamos contar con Dios para que nos dé humildad, mansedumbre, paciencia y otras cosas así por el estilo. De este modo, por medio del ejercicio de la virtud creceremos en entendimiento y virtud. Para estar seguro, Wesley pone en claro que el suplir las carencias espirituales de otras personas es más excelente que suplir sus carencias materiales. Sin embargo, es muy perceptivo al notar cómo el ayudar a otros rebota como desarrollo espiritual para los que realizan la obra.

Más específicamente, podríamos decir que los medios de gracia inducen en nosotros el conocimiento y el amor de Dios. Si vamos a recibir la gracia de Dios tenemos que esperar esa gracia en los medios provistos. Por lo tanto, tenemos que usar la oración pública y privada, debemos constantemente utilizar las Escrituras (escuchar, leer y meditar) y necesitamos participar de la Cena del Señor. Bajo ninguna circunstancia podemos hacer a un lado los medios de gracia, porque estamos bajo el mandato de Cristo de utilizarlos. Dado que Dios los ordena, los medios de gracia tienen que ser usados de la manera designada por Dios. Los medios de gracia no expían el pecado ni dan ninguna base para mérito. Los abordamos con un espíritu de confianza, creyendo que, sea lo que sea que Dios nos ha prometido darnos por medios de ellos, eso será dado. Lo que Dios ha prometido es gracia sobre gracia.

El papel crítico de estas prácticas como medios o instrumentos de gracia es bien destacado por los comentarios radicales de Wesley sobre la naturaleza de los medios usados:

> Antes de usar cualquier medio, graba profundamente esta verdad en tu corazón: estos medios no tienen poder intrínseco. Separados de Dios son como una hoja seca, como una sombra... Digan esto en su corazón: que el *opus operatum*, la mera acción, de nada sirve. Que no hay poder que salve, sino en el Espíritu de Dios. Ningún mérito, sino en la sangre de Cristo; que, consecuentemente, aun lo que Dios ha ordenado no comunica gracia al alma si no confía en él solamente.[35]

Utilizados de la manera equivocada, es decir, para cualquier fin excepto la renovación del alma en justicia y verdadera santidad, los medios de gracia son "estiércol y basura." En relación con la Cena del Señor, es claro que Wesley rechazó cualquier noción de la presencia real en los elementos materiales de pan y vino. Muy probablemente creyó que Cristo estaba espiritual pero no materialmente presente en la Santa Cena. Esto no significa que Wesley fuera flexible en asistir a la Santa Cena. Probablemente participaba de la Comunión más o menos cada cinco días durante la mayor parte de su vida. Es más, impulsaba la participación constante de la Comunión en sus convertidos.

Wesley también insistió en que Dios no estaba limitado en el uso que hace de los medios. Dios está por encima de los medios, así que puede comunicar su gracia sea a través o no de los medios que ha establecido. Este planteamiento que se hace aquí no es para menoscabar el uso de los medios de gracia, sino para animar al que busca la gracia para que la busque en cualquier lugar y en cualquier momento. Dios siempre está listo, siempre apto, siempre dispuesto a salvar. No tenemos que poner nunca límites al ingenio o generosidad de Dios.

Prestar atención al ingenio de Dios también significa que debemos estar abiertos a cualquier orden que funcione en el uso que hagamos de los medios de gracia. Dios se encontrará con nosotros dondequiera estemos, sensible a las necesidades de nuestra situación particular. Ciertamente podemos esperar que haya patrones característicos de uso, porque seguramente un medio funcionará mejor que otros al atender una necesidad particular:

> los medios por los que diferentes personas son guiadas, y en los que hallan la bendición de Dios, varían, cambian y se combinan en miles de diversas maneras. Sin embargo, hay sabiduría en seguir las direcciones de su providencia y su Espíritu; en someterse a ser guiados, muy especialmente respecto a los medios por los que nosotros mismos buscamos la gracia de Dios. Esto tiene lugar en parte por su providencia exterior que

nos ofrece la oportunidad de usar unas veces de un medio y otras de otro; en parte por nuestra experiencia, que es el medio por el cual su Espíritu se complace con mayor frecuencia en obrar en nuestro corazón.[36]

RESISTIENDO HASTA EL FINAL

La doctrina de la Iglesia de Wesley es inherentemente inestable. En su día logró mantener a sus convertidos dentro de la Iglesia Anglicana, pero fue lo suficientemente sagaz como para saber que el compromiso con la renovación dentro de la clase dirigente podría no durar mucho después de su muerte. Hay una nota de resignación en su tono de voz hacia el final de su vida. Wesley estaba claramente animado por las posibilidades en Norteamérica, lanzando a sus hijos espirituales allá a seguir la Escritura y la tradición primitiva hacia la tierra prometida. Con el tiempo el impulso por restaurar el cristianismo primitivo se convertiría en una obsesión en Norteamérica; uno sospecha que Wesley jugó un papel al inaugurar una tendencia a experimentar algo que, eventualmente, reventaría en un estrecho agotamiento racionalista. Puede ser emocionante ser parte de un movimiento que tiene el objetivo de restaurar el cristianismo del Nuevo Testamento de una vez y por todas. Sin embargo, cuando estos movimientos de restauración se reproducen, se fertilizan mutuamente y luego se reproducen de nuevo, los resultados pueden conducir a la desilusión y la frustración en la búsqueda de la verdadera iglesia. En alguna parte Wesley dijo que no tenía la habilidad de comenzar una iglesia nueva. Fue con seguridad un momento inteligente de autoconsciencia y autocrítica.

Los primeros instintos de Wesley fueron hacia la renovación de la iglesia tanto como hacia la unidad de los cristianos inmediata y simultáneamente. Mientras que Wesley deseaba restaurar el cristianismo primitivo, también quería mantener la continuidad de la antigua iglesia tanto como de su propia herencia anglicana. Al mismo tiempo que se decidía sobre estos tópicos a la mano, quería aún mantener comunión con sus oponentes y críticos. Aún cuando fue forzado por las circunstancias a iniciar una nueva denominación, Wesley estaba muy consciente que necesitaba proveerse de doctrina, liturgia, disciplina, sucesión ordenada del ministerio, sacramentos y así por el estilo. Desde el principio estuvo convencido de que no hay religión sino la religión social, de que la iglesia era vital para la vida de fe. A veces Wesley actuaba como si la iglesia fuera meramente una embarcación para ir a pescar almas, pero también actuó de maneras que revelan un robusto sentido de la iglesia como una institución que existe a través del espacio y el tiempo, y que merecía su lealtad y afecto.

Wesley ciertamente no era un sentimentalista cuando se trataba de la necesidad de dar una atención comprehensiva a la memoria de la iglesia. Cuando se le preguntó qué se necesitaba para mantener al metodismo vivo cuando él muriera, se reporta que dijo:

Los metodistas tienen que prestar atención a su doctrina, su experiencia, su práctica y su disciplina. Si sólo prestan atención a la doctrina, serán antinominianos [sin ley]; si sólo prestan atención a la parte experimental de la religión, serán entusiastas [fanáticos piadosos]; si sólo prestan atención a la parte práctica, serán fariseos; y si no prestan atención a la disciplina, serán como las personas que cultivan un huerto y no le ponen cerca para resguardarlo de los puercos salvajes del bosque.[37]

La tensión entre institución y efectividad, entre forma y espíritu, entre mantenimiento y misión, entre convención e innovación, entre regulación y espontaneidad, y entre continuidad y renovación, están todavía con nosotros hoy en nuestra consideración ponderada de la naturaleza de la iglesia. En la visión que tenía Wesley de la iglesia hay algunos elementos indispensables. De esta manera, se concentró en la iglesia como la iglesia católica o universal, es decir, todos los cristianos bajo el cielo. Wesley tiene razón en buscar nada menos que un solo cuerpo, un Espíritu, un Señor, una esperanza, una fe, un bautismo, un Dios y Padre de todos, como esenciales para la vida de la iglesia. Está también en lo correcto cuando nota que insistir en la pureza de la predicación y la práctica sacramental serán excluyentes, porque hay una brecha clara entre ideal y realidad. Por lo tanto, hay realismo así como optimismo en su pensamiento sobre la iglesia. No obstante, no encontramos en Wesley un relato totalmente completo de la iglesia que pueda arreglárselas con todos los problemas que tienen que ser confrontados teológicamente.

Uno de los desafíos más profundos que enfrentamos en este trecho de teología es la tensión entre pneumatología y eclesiología, entre la obra del Espíritu Santo y la realidad de la iglesia. Los teólogos católicos comienzan desde arriba y desarrollan una fuerte perspectiva de la iglesia como una institución que existe a través del tiempo y el espacio, unida por sus obispos. Aquí la primacía de honor se da a la eclesiología y el énfasis recae en la iglesia como institución. Después de esto, los teólogos católicos hacen lo que pueden para arreglárselas con la obra del Espíritu Santo fuera de su franquicia. Wesley comenzó desde abajo y desarrolló una perspectiva de la iglesia como un cuerpo de creyentes cuya fe los une en Cristo, quien a su vez lo une a todos los demás creyentes. Aquí la primacía de honor se da a la pneumatología, es decir, al Espíritu Santo creando una fe viva en Cristo. Pero Wesley tiene luego que arreglárselas con la necesidad de la iglesia como institución equipada por Dios con medios de gracia importantísimos, sin los cuales se fallaría en el ministerio. De esta manera, Wesley tiene un puente que lo conecta con la iglesia como institución.

Vayamos, por un momento, con Wesley y demos primacía de honor en nuestro pensamiento a la pneumatología sobre la eclesiología. Hay dos ideas simples de Wesley que pueden ayudarnos a avanzar. Primero, su idea de mandamientos divinos como promesas disfrazadas o encubiertas puede permitirnos ver las ricas descripciones de la iglesia como posibilidades que están siempre disponibles a la iglesia en el espacio y el tiempo. Así que, decir que la Iglesia es una, santa, católica, apostólica y así por el estilo, no es solo una perspectiva inalcanzable; es un llamado a una realidad hecha posible por la obra del Espíritu Santo. Segundo, hay una manera obvia de conectar la obra del Espíritu Santo con la realidad de la Iglesia como institución. El Espíritu Santo ciertamente obra incesantemente para conducir las personas a la fe en Cristo y conectarlas mutuamente en el Cuerpo de Cristo. Sin embargo, ¿no es cierto que el Espíritu Santo obra para crear la iglesia como una institución que existe a través del tiempo y el espacio? Al dar seguimiento a la obra comprensiva del Espíritu Santo somos atraídos más profundamente a la vida y obra de la iglesia como institución. En la práctica Wesley se alejó de la iglesia institucional. Si seguimos sus mejores instintos haremos un "viraje en U" y tomaremos la dirección opuesta.

Capítulo 7
TENIENDO SENTIDO MORAL

CONSTRUCCIÓN MORAL DE CASAS

El corazón de la teología de Wesley es una búsqueda de la santidad. Hay, entonces, un énfasis moral en su teología porque, como el heroísmo, la santidad es una forma de carácter sagrado moral y evidente. En un famoso resumen de su teología, Wesley usó la imagen de un edificio para resaltar el lugar fundamental de la santidad en su pensamiento.

Nuestras doctrinas principales, que incluyen a todas las demás, son tres: la del arrepentimiento, la de la fe y la de la santidad. La primera de estas la explicamos como si fuera la entrada de la religión, la segunda como la puerta, la tercera como la religión misma.[38]

Es bueno que se nos diga que hay una casa de santidad y cómo entrar a ella. Pero ¿qué pasaría si estamos equivocados en cuanto a la identidad de la casa? Una cosa es que se nos diga cómo convertirnos en agentes morales saludables; otra cosa completamente diferente es saber lo que es ser verdaderamente morales. No es suficiente con que Wesley nos encamine a través de las diferentes etapas de la sanidad espiritual; también necesitamos descubrir lo que es ser sanos. Wesley está más preocupado con la producción de moralidad que con el significado de moralidad; está más interesado en la carne moral que en los menús o recetarios morales. Wesley no puede evadir, sin embargo, reflexionar en la naturaleza y fundamentos del juicio moral. Ni tampoco lo intenta. De hecho, desarrolla una visión extremadamente interesante de la naturaleza y contenido de la moralidad.

La distinción entre los medios para convertirnos en seres morales y la naturaleza y contenido de la moralidad refleja una ambigüedad en el término *ética*. *Ética* puede significar el verdadero comportamiento de los agentes morales o la teoría sobre lo que constituye el comportamiento ético. Estos dos tópicos nos llevan más allá a un bajo mundo donde preguntas como estas giran en el viento:

¿Cuáles son las fuentes del carácter o virtud moral?

¿Cómo ir del ideal moral al estado actual de moralidad?

¿Cuál es el contenido básico de la moralidad?

¿Qué hace moral a la acción humana antes que, digamos, prudente?

¿Cuál es la lógica fundamental, si hay alguna, del razonamiento moral?

El énfasis del pensamiento de Wesley está en las primeras dos preguntas. Él enlaza su descripción de todo el viaje desde el pecado original hasta la gloria eventual en el cielo con una visión de la gracia que pretende desempacar la manera en que Dios conduce a la gente del pecado a la santidad, de inmoralidad a la moralidad.

Este interés en la transformación es evidente en el conjunto de sermones que Wesley dedicó al Sermón del Monte en Mateo, justo en medio de su corpus canónico e inmediatamente después de que suministrara un resumen sustancioso de cómo convertirse en cristianos reales. La misma escogencia del texto revela la obsesión de Wesley por la santidad como la meta del evangelio. Para entender lo que significa la santidad, Wesley acude eventualmente a la enseñanza de Jesús como está resumida en Mateo. Esta es una elección importante. Es difícil ver cómo cualquier teólogo podría desafiar esta manera de identificar el centro de gravedad moral de la fe cristiana. Sobre este punto, Wesley nos parece haber dado en el blanco. Aún si él usara todas y cada una de las excusas en el texto para regresar a sus tópicos favoritos, su elección del texto y el contenido del texto funcionan como el freno a su tendencia a corregirnos espiritualmente. La enseñanza de Jesús es con seguridad el corazón de la ética cristiana en lo que respecta al contenido de la moralidad.

De manera que el impulso para explicar claramente la mecánica espiritual de la transformación moral no es toda la historia. Wesley da una descripción sustancial de la estructura de la vida moral que aborda las preocupaciones tradicionales de su día y usa los temas y conceptos estándar. De este modo, Wesley tiene una visión del lugar de la ley en la vida cristiana que sistemática y agresivamente enfatiza de manera especial. También tiene una descripción muy interesante de la relación entre la razón y la revelación. Esto es complementado por una descripción de la persona de Cristo que habla de la obra de Cristo como profeta, sacerdote y rey.

SI DIOS NO EXISTE, ¿SOMOS LIBRES DE HACER LO QUE QUERAMOS?

Hay un antiguo acertijo que se remonta hasta Platón. ¿Es bueno todo mandato de Dios porque Dios lo ordena?, u, ¿Ordena Dios algo porque es bueno? Si agarramos el primer cuerno de este dilema y decimos que los mandatos de Dios son buenos meramente porque Dios los ordena, la moralidad es lógicamente dependiente de la teología de la manera más fuerte posible. Solo conocemos la verdad en la moralidad si tenemos una verdadera teología a mano. Si Dios no existe, todo es permitido. Los ateos y los no creyentes deberían ser escépticos morales y nihilistas. Si agarramos el segundo cuerno del dilema y decimos que Dios da los mandatos porque son buenos, la teología es totalmente irrelevante a la moralidad. Podríamos distinguir el bien del mal aún si Dios no existiera. Los teólogos no tendrían más para contribuir a la ética que los recogedores de basura y las meseras. Los calvinistas han gravitado hacia la primera opción; los católicos y anglicanos han preferido la segunda.

El texto del sermón donde Wesley habla sobre este tópico muestra su ropa interior filosófica: "Así que la ley es santa y el mandamiento es santo, justo y bueno" (Rom. 7:12). La ley de Dios parece ser buena no solo porque es la ley de Dios, sino precisamente porque es en realidad buena. Así que parece que Wesley está escogiendo la segunda opción. Sin embargo, se siente intranquilo:

"Empero, ¿es la voluntad de Dios la que da origen a su ley? ¿Lo bueno y lo malo surgen de su voluntad? ¿Decimos que algo es bueno porque Dios lo quiere o él lo quiere porque es bueno?" Temo que estas célebres pregón tas son más que una curiosidad carente de valor real. Y probablemente, el trato que damos a este tema no muestre el debido respeto de una criatura por el Creador y Gobernador de todas las cosas. ¡Es inconcebible que el hombre pida a Dios que le rinda cuentas de lo que hace![39]

Este comentario es muy perceptivo. Wesley se ha dado cuenta de que si tomamos la segunda opción nos estamos dando el permiso de colocarnos en una posición de juicio sobre Dios y de decirle cuán bien le está yendo en sus asuntos morales. Esto es extraño. Dios es quien nos juzga; nosotros no juzgamos a Dios. Imagine que usted está sentado en la sección de galería en el Juicio Final y va a enviar un reportaje al *New York Times* sobre la corte divina, dando a Dios una calificación por exactitud, justicia, conocimiento de la ley moral y similares. Esto no tiene sentido cuando nos damos cuenta de quién es Dios.

Al trabajar en este problema Wesley hace tres afirmaciones. Primero, insiste en que no debemos de pensar en la voluntad de Dios como algo diferente de Dios. La voluntad de Dios es Dios mismo. Si podemos hacer una conexión de causa entre moralidad y Dios, hemos conectado la moralidad con la voluntad de Dios. Segundo,

> si la ley, la norma inmutable con respecto al bien y al mal, depende de la naturaleza y cualidad de las cosas, y de las relaciones esenciales de unas con otras... entonces también debe depender de Dios o de su voluntad, porque todas las cosas y las relaciones existentes entre ellas son obra de sus manos. Para su deleite, por su voluntad todas las cosas existen y fueron creadas. Sin embargo, podemos admitir... que en cada caso particular Dios quiere que se haga esto o aquello, "que los hijos honren a sus padres", por ejemplo, porque es lo correcto, porque responde a las características esenciales de las cosas, y a la red de relaciones que existe entre todas ellas.[40]

Tercero, Wesley insiste en que la bondad de Dios inunda toda la creación en todas direcciones. El hecho de que Dios hace a los humanos según cierto patrón es central a esta operación:

> La ley, entonces, es recta y justa con respecto a todas las cosas. Y es tan *buena* como *justa*. Esto se puede inferir fácilmente teniendo en cuenta su fuente, porque ¿cuál fue su origen sino la bondad

de Dios? ¿Qué otra cosa sino su bondad le impulsó a entregar a los ángeles esa divina copia de sí mismo? ¿A qué otra cosa podemos atribuir ese gesto de dar a los seres humanos una transcripción de sí mismo?[41]

Lo que está sucediendo aquí es que Wesley está poniendo un factor adicional. Está sugiriendo que los agentes humanos, al ser hechos a imagen de Dios, tienen la capacidad de hacer juicios morales por la manera en que Dios los ha creado. Esta indicación le permite a Wesley forjar una tercera vía entre las opciones estándar dadas por Sócrates. Cuando somos forzados a escoger, Wesley dice que la ley de Dios es buena porque es en verdad buena. Sin embargo, nuestra habilidad para discernir el bien y el mal es un don de Dios. Por lo tanto, de ninguna manera se nos permite hacer juicio sobre Dios, porque al discernir que Dios (o cualquier cosa) es bueno, somos de hecho dependientes de la bondad de Dios para hacer tales juicios. Así que la primera opción tiene algo de mérito. No podemos saber la diferencia entre el bien y el mal independientemente de Dios. Incluso Wesley llega a "dudar si las palabras mismas 'bien y mal,' según el sistema cristiano, no implican, en la misma idea de ellas, acuerdo y desacuerdo con la voluntad y la palabra de Dios".[42] Presumiblemente el punto aquí es que factorizar en la tradición cristiana conduce a un enriquecimiento de nuestras categorías morales básicas.

No envíe su inteligencia moral
de vacaciones

Lo que yace aquí bajo la superficie es una teoría robusta de la consciencia como el fundamento del juicio moral. Los seres humanos no necesitan la teología para descubrir lo que es bueno y lo que es malo porque la teología ya está incorporada en nosotros desde la creación. Ya venimos equipados con la voz de Dios adentro. O mejor dicho, la voz de Dios ha sido restaurada en nosotros, después de la caída en el pecado, por medio de la gracia preveniente, esa gracia que viene antes de la justificación y santificación. Por lo tanto, no es necesario esperar una revelación especial para darnos cuenta que es malo rostizar bebés vivos solo por diversión, ni tampoco permitir el principio de que debemos hacer a los demás lo que nos hacen a nosotros. La rectitud de estas expresiones morales muy usadas está dada en nuestra consciencia, una facultad intelectual que discierne lo correcto de lo incorrecto. Estas son proposiciones básicas que consideramos correctas inmediatamente. Wesley captura la lógica de la consciencia de esta manera:

> Primero, [la consciencia] es un testigo, que da testimonio de lo que hemos hecho, en pensamiento, palabra o acción. En segundo lugar, es un juez, que dicta sentencia sobre lo que hemos hecho, sea bueno o malo. Y en tercer lugar, de alguna forma ejecuta la sentencia al causar un grado de complacencia en quien hace el bien y un grado de intranquilidad en quien hace el mal.[43]

Wesley es sutil en cuanto a su explicación de la consciencia. Permite una variación debido a la educación y a otros miles circunstancias. Wesley también nota la posibilidad de una consciencia hipersensible. Podemos pensar en cosas que son pecado y que la Escritura no condena en ninguna parte, y podemos suponer que otras cosas son un deber y que la Escritura en ninguna parte ordena. Tal consciencia escrupulosa es un mal doloroso que puede ser removido por medio de la oración y la conversación con un buen amigo. Wesley no tolera ninguna clase de infalibilidad ni de certidumbre irreversible y absoluta. Y el desarrollo de una buena consciencia no es automático, porque si descuidamos seguir la verdad moral disponible para nosotros, podemos hacernos insensibles y duros. Además, esta teoría de la consciencia le permite a Wesley reconocer que los no creyentes tienen acceso a lo que es correcto e incorrecto independientemente de la revelación divina. Por lo tanto, debemos de poner atención a su intuición y razonamiento en los asuntos morales. Aún así, Wesley no nos permitirá que consideremos la consciencia como una concesión natural. La consciencia siempre funciona por medio de la actividad inmediata del Espíritu Santo como una manifestación más de la gracia preveniente. Los filósofos cristianos que niegan esto son ateos disfrazados.

Wesley también afirma que la consciencia nos da conocimiento de la regla por medio de la cual hemos "de ser dirigidos en toda circunstancia, que no es otra cosa que la Palabra de Dios escrita".[44] Wesley ha virado hacia otro nivel de análisis en este punto. Ahora está proponiendo que la consciencia tiene que ser informada por la revelación divina. Wesley puede hacer esta transición con facilidad porque sostiene que dicha revelación divina es simplemente una versión más clara de la revelación ya disponible en la consciencia. Para expresar este asunto en términos de la ley, la ley escrita inicialmente en el corazón es la misma que la ley moral de Dios, una ley definitivamente revelada en Jesucristo. O, expresado en términos de categorías teológicas más tradicionales, podemos decir que la revelación especial corrige y se yergue suprema sobre la revelación general en la consciencia.

Esta visión estratificada calza también con otros elementos en la visión teológica de Wesley. Se ajusta bien con la explicación del pecado que hace Wesley, en que el pecado nubla nuestra percepción moral de tal manera que necesitamos la corrección de la revelación para poner las cosas en orden. Esta visión también complementa la convicción de Wesley de que la vida cristiana está marcada por el gozo y la felicidad, en el sentido de que la intención de la ley es contribuir al bienestar diseñado por Dios para nosotros. Además, este proceso progresivo de iluminación concuerda con su insistencia de que la revelación de Dios en el Nuevo Testamento reemplaza la revelación en el Antiguo Testamento. Mientras que las instituciones ceremoniales y morales de Israel ciertamente expresan la ley moral de Dios, no lo hacen al grado en que ocurre en el nuevo pacto en Cristo. Al fin y al cabo, es Jesucristo quien encarna plenamente y revela la ley moral. Solo Él es en última instancia la verdadera regla o norma de verdad moral. En la salvación el Espíritu Santo escribe esta inmejorable ley de Cristo en nuestros corazones, de tal manera que como agentes morales poseemos la mente misma de Cristo en asuntos morales. Por medio de la fe, el Espíritu Santo mora dentro de nosotros y, haciendo uso de la revelación objetiva de la ley de

Cristo, enriquece nuestras intuiciones y capacidades iniciales. La luz originalmente dada dentro de cada persona por Cristo en la creación es ahora perfeccionada en la obra de redención:

A fin de aumentar y perfeccionar la luz que antes teníamos, agreguemos ahora la luz de la fe. Confirmemos el don que recibimos de Dios comprendiendo más profundamente lo que él entonces nos mostró, y teniendo mayor conciencia y sensibilidad hacia el pecado. Ahora podemos caminar en el gozo y no en el temor. Viendo con claridad las cosas eternas delante nuestro, consideramos que el placer, la riqueza, los halagos, todas las cosas terrenales, no tienen más valor que burbujas en el agua. Nada hay importante, nada deseable, nada en lo que valga la pena pensar excepto aquello que está dentro del velo, donde Cristo está sentado a la diestra de Dios.[45]

Esta progresión hacia la iluminación no sucede por accidente. Ya hemos visto que la iluminación intelectual depende de la obra del Espíritu Santo. También depende del uso apropiado de la ley, un antiguo tema en las discusiones teológicas sobre ética. En su primer uso la ley nos convence de pecado. Quita las hojas de higuera del autoengaño, y vemos que somos ciegos y estamos desnudos ante Dios. En su segundo uso, la ley nos muestra cuán totalmente impotentes somos en nosotros mismos y nos lleva por la fuerza a Cristo de tal forma que encontremos vida. En el tercer uso, la ley nos mantiene espiritualmente sobre los dedos de nuestros pies al abrirnos constantemente a una mayor intimidad con Dios. Mientras más vemos la ley en toda su profundidad, más deseamos que la gracia sea todo lo que la ley nos llama a ser. Esta línea de pensamiento está más cerca a Calvino que a Lutero, porque expande el tercer uso de la ley para incluir no solo su función educativa sino su rol en llevarnos más allá a la unión con Dios. Para Wesley no puede haber otro escenario aparte de la ley; la ley es una fuente constante de iluminación ética.

Estos usos de la ley se conectan bastante bien, aún cuando no se correlacionan exactamente, con la insistencia de Wesley de que la iglesia predica a Cristo en todos sus oficios como profeta, sacerdote y rey. Como nuestro Gran Sacerdote, Cristo nos reconcilia con Dios por medio de su muerte y mediante su intercesión actual por nosotros. Como nuestro Profeta, nos guía por medio de su Palabra y Espíritu hacia toda verdad. Como nuestro Rey, nos da leyes por las que vivimos, nos restaura la imagen de Dios y reina dentro de nuestros corazones. A esta altura, podemos ver que, mientras que Wesley comienza su explicación de la ética con la creación, se mueve paso a paso de la creación hacia la redención, y de la obra del Espíritu Santo en la consciencia hacia la obra del Espíritu Santo en la escritura de la ley de Cristo en nuestros corazones. A esta altura, la ética ha sido absorbida en la teología; la gracia de Dios en la creación ha sido inundada por la gracia de Dios en la redención. La gracia perfecciona la naturaleza en vez de cancelarla.

Note la profundidad del entendimiento de Wesley. Es fácil pensar en la relación entre moralidad y religión como un asunto de todo o nada. Pensamos que la teología, o no tiene nada que contribuir a la moralidad, o determina totalmente la lógica y contenido de la moralidad. Wesley comienza con la consciencia; por lo tanto, puede hacer contacto con una idea disponible en la cultura general. No obstante, se mueve inmediatamente para redescribir esta facultad de percepción moral como operando bajo la dirección de la gracia preveniente. Su imagen de la moralidad es bidimensional en vez de unidimensional. Wesley ha enriquecido nuestra visión de nuestro sentido moral; ha introducido para discusión una descripción más densa de la creación; nuestro sentido moral es la voz de Dios hablando dentro de nosotros. Más importantemente, este movimiento teológico le permite a Wesley proporcionar una visión nítida de la moralidad. Wesley despliega una narrativa de desarrollo que muestra cómo nuestro pensamiento sobre la moralidad madura con el tiempo. Al viajar hacia el mundo de la revelación especial, se nos dan nuevas vistas que abren todo un mundo nuevo de pensamiento sobre nosotros mismos y sobre la moralidad que previamente no estaba disponible para nosotros. Al mirar hacia atrás de manera natural vemos las primeras etapas del viaje en términos teológicos más robustos. Así que debajo de la superficie en Wesley vislumbramos una visión muy rica de la moralidad.

LLEGANDO A AMAR A DIOS Y AL PRÓJIMO

El resultado final de este viaje intelectual y espiritual es que conseguimos amar a Dios con todos nuestros corazones, almas y mentes, y amar a nuestros prójimos como a nosotros mismos. El amor antes que la justicia, o antes que alguna virtud particular (como la preocupación por el pobre), es el centro de la visión material de Wesley en la ética. No es que Wesley no tenga interés en la justicia o que no se preocupe por el pobre. Wesley tiene pasión por ambos. Sin embargo, todo lo demás en la ética está subordinado al amor. El amor es la virtud previa a la justicia, la misericordia y la verdad. La ley de Dios no es otra cosa que una transcripción de la realidad de Dios y Dios es amor. Aún la fe misma es la sirvienta del amor. La fe en Dios es la percepción espiritual del amor de Dios; por lo tanto, está lógicamente subordinada al amor de Dios. Tal fe nunca está sola, porque la fe obra por el amor. De tal manera que el amor tiene el más alto lugar de honor en la visión de Wesley de la realidad: "Es el amor el objeto, el único fin de toda dispensación de Dios desde el comienzo del mundo hasta la consumación de los siglos".[46]

Es el amor de Dios, hecho visible en Cristo y derramado en nuestros corazones por el Espíritu Santo, el que es el terreno psicológico para el amor al prójimo:

No existe motivación más fuerte para amar a Dios que el sentir el amor de Dios en Cristo. No hay nada que nos mueva tanto a entregarle a él nuestro corazón, como la rotunda convicción de que él se dio por nosotros. Y es a partir de este principio de amor agradecido a Dios que nace el amor por nuestros hermanos y hermanas. No es posible dejar de amar a nuestro prójimo si verdaderamente confiamos en el amor con que Dios nos amó primero.[47]

No hay nada estrecho o legalista en relación con esta visión. El creyente se extiende en amor hacia Dios en fe y gratitud, y simultáneamente se extiende en amor hacia el prójimo en formas rigurosamente prácticas. Esta proyección social incluye inicialmente una correcta disposición hacia aquellos en necesidad. En su mayor parte el amor es un asunto de percepción correcta, así como también es un asunto de acción correcta.

El papel de la percepción apropiada es hermosamente ilustrado en lo que Wesley tiene que decir sobre la cortesía. Wesley insiste en que tenemos ir más allá de la apariencia externa y vivir en la profunda verdad sobre los agentes humanos:

Asegúrese de ser cortés con todas las personas. No importa, en este sentido, si son distinguidos o humildes, ricos o pobres, superiores o inferiores a usted. No, ni siquiera si son buenos o malos, si temen a Dios o no. Ciertamente, el modo de mostrar su cortesía puede variar, en la medida que dirija la prudencia cristiana; pero la cortesía se le debe a todas las personas; los más humildes y los peores tienen derecho a nuestra cortesía… ¿Hemos de hacer el esfuerzo por ir más profundo, para buscar el fundamento de este asunto? ¿Cuál es la fuente de ese deseo de complacer, al que llamamos cortesía? Demos una mirada atenta a nuestro corazón y pronto encontraremos una respuesta. El mismo apóstol que nos enseña a ser corteses, nos enseña a honrar a todas las personas; y su Maestro me enseña a mí a amar a todas las personas. Si unimos estos dos, ¿cuál será el efecto? Un pobre miserable clama hacia mí por limosnas: Yo observo y lo veo cubierto de suciedad y harapos. Pero a través de la suciedad y los harapos veo a alguien que tiene un espíritu inmortal, hecho para aprender y amar, y habitar con Dios por la eternidad. Yo lo honro por amor al Creador. Puedo ver, a través de todos esos harapos, que está todo amoratado por la sangre de Cristo. Lo amo por consideración a su Redentor. Esta cortesía, por lo tanto, que siento y muestro hacia él es una mezcla de honor y amor que albergo por el hijo de Dios; que fue comprado con la sangre de su Hijo y que es candidato para la inmortalidad. Sintamos y mostremos esta cortesía hacia todas las personas; y los agradaremos para su edificación.[48]

Sin embargo, ni por un momento Wesley nos permite contentarnos con una mera observación precisa o disposición para agradar. Ciertamente el amor no es ciego, ni tampoco algo diferente a ser totalmente inteligente, activo y práctico. De esta forma, Wesley va mucho más allá del mero ejercicio de la donación caritativa. Esto se ilustra más poderosamente en su respuesta a las necesidades del pobre. Wesley hace interpretaciones astutas de la condición difícil del pobre; hace lo mejor para llegar a las causas que están detrás de sus problemas; resueltamente se rehúsa a culpar al pobre por su situación; proporciona todo tipo de servicios y proyectos de auto-ayuda; se dirige a toda persona a la vista para que brinden ayuda; deambula por las calles con su megáfono y su caja de colecta; y toca el tambor de la moral en contra de los mercaderes, los destiladores, los doctores y los abogados que explotan a los pobres de diversas maneras.

Es importante no exagerar el significado del pensamiento o la práctica de Wesley en este punto. Wesley opera como un observador perceptivo, un moralista, un recaudador de fondos, como un organizador empedernido y un filántropo cristiano. Wesley no tiene una teoría causal de gran escala de cultura o sociedad del tipo que fue desarrollada luego por Karl Marx y modificada de varias maneras en tiempos recientes por teóricos culturales. Tampoco tiene Wesley mucho para darnos en relación con algún tipo de economía evangélica que nos llevaría muy adentro en esa ciencia turbia. Políticamente, Wesley era un *High Tory* [conservador] que estaba totalmente comprometido con las disposiciones políticas en Inglaterra. Wesley podía apreciar el papel de la Providencia que permitía que el Deísmo floreciera en Europa y en América del Norte. Incluso decía: "la indiferencia total del gobierno allá [en América del Norte], aunque hubiese allá religión o no, deja espacio para la propagación de la verdadera religión escritural, sin el menor obstáculo."[49] Esta observación no cuenta como un apoyo de la separación de la iglesia y el estado, y sería tonto pensar que Wesley proponía esto para Inglaterra; aunque es un elemento interesante en la escena política.

Con seguridad, las prácticas e ideas de Wesley desataron pequeños arroyos de pensamiento radical que podían ser recogidos y llenados para convertirse en ríos de propósitos radicales y fantasías políticas, pero estos arroyos pueden ser fácilmente contenidos por otros componentes de su pensamiento disperso. No es un accidente que sus descendientes espirituales han incluido tanto a la Senadora Hillary Rodham Clinton[50] como al presidente George W. Bush. Además, bajo ninguna circunstancia Wesley permitiría que sus ideas sobre la política fueran separadas de sus convicciones fundamentales sobre pecado, arrepentimiento, justificación, santificación, entre otros. La raíz de todo mal se puede trazar hasta la alienación de Dios; por ende, cualquier solución a los problemas del comportamiento humano y la sociedad habrán tenido que tomar en cuenta la conversión y el crecimiento en la gracia.

Podemos capturar esta sección del cuadro general notando que la actividad o legislación política no pueden producir mejores personas; solo Dios puede hacer esto. El corazón de Wesley está puesto en *ser* más que en simplemente *hacer*. Es más fundamental ser cierto tipo de persona que hacer ciertas actividades. La virtud es más importante que la acción, puesto que buenas acciones morales bien pueden surgir de motivos imperfectos, como cuando las personas dan a la caridad para hacerse un nombre para ellos mismos. Por lo que, la pureza moral interna y la intención realmente importan en la ética. El régimen semanal de autoexamen que Wesley preparó para los metodistas de Oxford en la década de los 1730 consistía del amor de Dios, amor de la humanidad, humildad, mortificación y autonegación, resignación y mansedumbre, y agradecimiento. Esos eran los temas que estaban presentes de domingo a sábado; estos ejercicios eran una ayuda para la transformación moral genuina. Por lo tanto, las virtudes son más básicas que las obligaciones, y ambas tienen que encaminarse hacia la verdad. De esa manera, la verdad del evangelio y la operación de la gracia nunca estuvieron lejos de la teología moral de Wesley.

DANDO LUGAR AL FACTOR PUEBLERINO

De maneras pequeñas pero significativas, Wesley nos puede ayudar a sortear a través del campo pegajoso de la religión y la política de hoy en día. Actualmente hay una profunda división en nuestra cultura sobre el papel de la religión en la plaza pública. Algunos piensan que el mundo está encaminado a grandes problemas debido a la religión. Los secularistas están convencidos de que la teología tiene más probabilidad de confundir y corromper que ayudar cuando es introducida a la arena pública. Este es especialmente el caso en la política, donde las iniciativas religiosas, por ejemplo, son saludadas con profunda sospecha sino hostilidad. En contra de esto, muchos creyentes cristianos están convencidos de que la teología es vital para la ética a todo nivel y que la condición difícil actual de nuestra cultura proviene de su ausencia de la plaza pública. De esta manera, la oposición, digamos, al papel de los grupos cristianos en la política es vista como discriminación y prejuicio grosero.

Claramente, Wesley vivió en otro mundo. Para él la religión era una parte vital de la plaza pública. Vivió en un estado confesional que dio por sentado el papel positivo de la religión en la política. Dios gobierna toda la vida; Dios está tan presente en la Casa Blanca como en el Palacio de Buckingham, en el dormitorio como en la sala de sesiones; pretender que sea de otra manera sería clasificarse como ateos. Si algunas personas niegan esto, ese es su problema. Como un embajador del cielo que un día tiene que rendir cuentas, su trabajo fue el de asegurar que la voluntad de Dios sea conocida y establecida en todo lugar. El teísmo de Wesley fue un teísmo robusto y público que marcó la diferencia en todo nivel de existencia. Además, Wesley era un solucionador inexorable. Denle un problema, ético o no ético, déjenlo solo por un par de semanas y se le ocurrirá una solución, y la publicará al siguiente día. Si inicialmente Wesley encuentra que alguien más ha resuelto el problema, lo robará, lo arreglará y lo publicará. Los críticos no dudan en verlo hoy como un entrometido arrogante; Wesley se vio a sí mismo como un siervo fiel de Dios con la misión de sanar la nación.

Wesley puede tener una rica conversación con sus críticos, sin importar lo que piensen de él, debido a su compromiso con la urbanidad, la cortesía y la deliberación racional. Su visión de la moralidad no solamente hace que esto sea posible sino que dicta un intercambio franco de puntos de vista. Por lo tanto, Wesley ocupa un lugar intermedio entre dos extremos. Por un lado, evita cualquier tipo de teocracia donde la iglesia domina el mundo de la educación, la ley, los medios de comunicación, la expresión cultural, la política y otros por el estilo. Dios ya está presente en el mundo en la gracia preveniente. El mundo de la deliberación humana y ética tiene su propia medida de autonomía que tiene que ser respetada. Con seguridad, uno debe tener un ojo crítico sobre tal deliberación porque la nuestra es una razón caída y corrupta. Sin embargo, hay espacio crítico para la conversación y el debate honestos. Por otro lado, Wesley evita el extremo opuesto de retirarse a un mundo privado de experiencia religiosa subjetiva, la cual se rehúsa a entrar al orden y trabajo públicos para el bien común. La comunidad cristiana se interesa por la existencia total de las criaturas y da los pasos que sean necesarios para expresar ese interés personal y corporativamente. En este contexto, una vida dedicada a la política es una vocación enteramente honorable. Con seguridad, habrán de surgir profundas diferencias, porque en última instancia los cristianos ven el mundo a través de los ojos de la fe. Sin embargo, aún cuando surjan diferencias radicales, no hay lugar para la coerción o la intimidación intelectual.

Esta clase de visión puede inicialmente parecer confusa e indecisa. Se entiende mejor como algo sofisticado y juicioso. No alberga ilusiones sobre las profundidades de la maldad humana y crea espacio para que todas las personas vengan a la mesa y expresen su opinión. Desde el principio hasta el final, la política es una cruzada moral. Para Wesley la moralidad se enriquece y profundiza mediante la fe, de tal manera que no hay una separación del vínculo entre teología y política. Por lo tanto, debemos de resistir el movimiento hacia una visión secularista de la política.

Dada la secularización del estado en Occidente en el último siglo, ha sido una tentación, para un grupo

dentro de este nuevo y vertiginoso universo, de reclamar los títulos de propiedad de esta nueva y estimulante configuración política y cultural. Sin embargo,
los secularistas, liberales, pluralistas, agnósticos y ateos
han tratado de desarrollar un nuevo estado confesional que privilegia sus particulares compromisos morales, epistemológicos y metafísicos. Solo podemos ad-
mirar los esfuerzos intelectuales que despliegan para
hacer avanzar su visión del estado, la democracia, la
relación entre la fe y la política, y sus equivalentes.

No es sorpresa que muchos cristianos, fuera de los
que asumen un papel de adular a los capellanes de la
nueva aristocracia política, se sienten dejados por fuera y marginados. Se puede permitir que el pobre pueblerino ingrese, pero solamente se puede quedar si los
nuevos confesores seculares lo domestican apropiadamente. Algunos de estos últimos realmente demandan una castración o esterilización intelectual como
precio de entrada a su fórum político. Además, los
nuevos confesores no pueden entender por qué el
pueblerino sigue trayendo a colación sus compromisos
religiosos particulares; debió haber dejado su religión
en la puerta y expresarse emocionadamente en un
coro de gratitud hacia sus patrocinadores seculares por
todo lo que han hecho para darle espacio. Claramente,
el factor pueblerino es una seria molestia. Felizmente,
Wesley da lugar a los pueblerinos del mundo en la
teoría tanto como en la práctica.

Capítulo 8
HIPO Y SARAMPIÓN ESPIRITUALES

LA VIRTUD CONVERTIDA EN VICIO

Los irlandeses son religiosos y es imposible convertirlos en personas morales. Los ingleses son personas morales y es imposible convertirlos en religiosos. Las diferentes personas pecan diferentemente. Lo mismo aplica para las tradiciones religiosas. Los luteranos pecan y luego piden perdón. Los católico-romanos pecan y luego encuentran a un jesuita ilustrado para excusarlos. Los presbiterianos pecan y luego hacen votos para esforzarse más la próxima vez. Los bautistas del sur pecan y luego lo explican como una recaída temporal. Los metodistas pecan y luego alegan enfermedad y piden gracia divina. Hay rastros falsos y predecibles en nuestras visiones espirituales una vez que vemos la dirección básica de su lógica.

Mucho de la teología de Wesley está dedicada a ocuparse de este dilema. Quizás Wesley inadvertidamente se dio cuenta de que su agenda espiritual tenía sus tentaciones y obligaciones. Muy probablemente, Wesley era un astuto observador de sus convertidos y buscó de vez en cuando ocuparse de los vicios muy particulares a los que eran muy propensos. Frecuentemente era muy bueno para identificar y encargarse de un conjunto estándar de problemas que ocurrían continuamente entre su pueblo. Ciertamente esta es una clase de tarea que fácilmente puede hacerse montado a caballo. Wesley era un tipo de enfermero itinerante en vestimenta clerical.

Los primeros convertidos de Wesley eran mucho más dados a ser intolerantes que tibios, más juiciosos que indulgentes, más orgullosos de sí mismos que autocríticos, más adictos al trabajo que indolentes y más puritanos que distendidos. Aquellos que más tarde fueron moldeados por la teología de Wesley era más dados a tener un sentido de inferioridad de menor grado antes que ser arrogantes, más mediocres que brillantes, más pragmáticos que solícitos, más hipócritas que transparentes, más ricos que pobres y más controladores que desorganizados. Ciertamente, aquellos educados en el modelo de Wesley acerca de la fe pueden ser tan organizados que pueden con facilidad propagar corrupción en toda una nación.

No obstante, hay un optimismo característico de la gracia que corre por las vidas de aquellos moldeados por la espiritualidad de Wesley y que es profundamente atractivo. Realistas hasta la médula, dada su visión del pecado, nunca pierden las esperanzas con nadie. Excesivamente tolerantes, dada la naturaleza personal de la fe, esperan desacuerdo, pero se esfuerzan por tener consenso. Totalmente equipados con un manual de políticas, dada su obsesión con el planeamiento, pueden ser maravillosamente espontáneos. Prudentes en la mayoría de las ocasiones, dado su compromiso con la razón, pueden ser notablemente imaginativos. Conservadores en su disposición, dado su respeto por el pasado, pueden ser sorprendentemente innovadores. Dios es con nosotros, así que todo es posible y un pequeño grupo surgirá para arreglar cualquier problema que surja de pronto.

Dados los tipos característicos de tentaciones que inevitablemente ocurrían a sus convertidos, no es sorpresa que Wesley diera atención seria a proporcionar la medicina apropiada para sanarlos. Algunas veces da la impresión de ser un padre gruñón. Si tan solo ellos hubieron hecho lo que ya él les había dicho, si tan solo hubieran orado más, si tan solo hubieran sido más disciplinados, entonces estarían bien. Otras veces, es claro que el problema que enfrenta Wesley es de su propia manufactura. Su propia medicina de salvación ha sido distribuida sin la precaución apropiada y sin la dosis apropiada. En algunos casos su medicina no puede sino enfermar más al paciente, la cura no calzaba con el diagnóstico. Sin embargo, en su mejor momento, Wesley era perceptivo y efectivo tanto en la elección como en la administración de su medicina. Procederemos a explorar brevemente cinco problemas que Wesley confrontó que hoy en día siguen siendo pertinentes: fanatismo espiritual, intolerancia, sectarismo, depresión espiritual y dinero. Los últimos sermones en su corpus canónico tratan sobre varios asuntos como estos, entremezclados por recordatorios de la profundidad del pecado y cómo uno mismo se convierte y permanece siendo un verdadero cristiano.

CÓMO NO SER EXAGERADO Y ENTROMETIDO

Los cristianos tibios no se hacen fanáticos; los cristianos evangélicos sí. Sospecho que Wesley estaba agudamente consciente de esto. Los críticos rápidamente se aferraron a la afirmación de Wesley de poseer inspiración directa del Espíritu Santo y fácilmente se lo echaron en cara. En su defensa Wesley respondió y estableció un resguardo.

Un término preferido de abuso usado contra Wesley era el de ser un "entusiasta", es decir, dejar a un lado la razón y seguir la inspiración divina directa. Obviamente, ellos pensaban que la locura debía estar

ahora por atacarlo. En respuesta Wesley explotó la ambigüedad del término e inteligentemente lo puso en contra de sus críticos. Wesley estaba de acuerdo con que el entusiasmo es una forma de mal funcionamiento cognitivo, es un desorden de la mente. Donde un tonto saca conclusiones incorrectas de premisas falsas, el loco que sufre de entusiasmo saca conclusiones correctas de premisas incorrectas. Con estas observaciones en su lugar, Wesley podía ahora tratar con el problema.

El verdadero entusiasmo no es un asunto de estar abiertos a la operación íntima del Espíritu Santo; es una forma de mal funcionamiento cognitivo demasiado visible en las vidas de los críticos de Wesley. Así que estos críticos imaginan que tienen gracia cuando no la tienen; suponen que son cristianos cuando no lo son. Imaginan que tienen dones especiales de Dios cuando no los tienen; piensan que son inspirados por el Espíritu Santo, cuando en realidad solo están siguiendo fuertes impresiones e impulsos. Ignoran la clara enseñanza de la Escritura y hacen a un lado la razón y la experiencia. Su error más común es pensar que pueden obtener el fin sin usar los medios. Leen la Escritura por su cuenta sin ayuda, o se paran a hablar sin ninguna preparación. A su vez, prácticas como estas conducen al orgullo, la obstinación, la incapacidad para aprender y la rigidez de pensamiento y acción. Mientras tanto, a la vez que Wesley se está defendiendo, está indirectamente instruyendo a sus convertidos en el discernimiento espiritual y en el uso correcto de la razón.

La misma estrategia se manifiesta en el tratamiento que da Wesley a la intolerancia religiosa. Esta vez, mientras Wesley está inculcando tolerancia también responde a aquellos que ponen obstáculos a la obra de Dios en el movimiento metodista al desafiar la práctica de la predicación por laicos. En este caso Wesley toma como su texto el incidente en los evangelios (Marcos 9:38-39) donde los discípulos estaban impidiendo a unos extraños que hicieran exorcismo en el nombre de Jesús. Después de dejar en claro que hay más que suficiente mal para mantener ocupado a todo cristiano, Wesley insiste en que necesitamos toda la ayuda posible. No podemos permitirnos dejar que las diferencias de opinión o aún las diferencias radicales en las cosas esenciales de la fe, interfieran con sacar al diablo del pueblo en el primer autobús disponible. Ignorar este consejo es ser un fanático religioso, ni más ni menos. Indirectamente, esta es una defensa tan buena para la predicación laica no autorizada como uno la podría desear. Mientras tanto, el nuevo convertido está aprendiendo a apreciar la obra de Dios fuera de la franquicia metodista.

Bajo este llamado a trabajar colegiadamente yace el compromiso inquebrantable de Wesley de amar a Dios y al prójimo. A la larga, la intolerancia religiosa es una falla moral tanto como cognitiva; la intolerancia religiosa descansa sobre el error de juicio. El mejor antídoto para esto es el cultivo de un espíritu católico, es decir, amor verdadero y universal. No obstante, la puesta en práctica del amor es una tarea difícil aún entre los cristianos porque difieren de maneras profundas en teología y práctica. Wesley suple una fórmula en este punto derivada de un texto oscuro en 2 Reyes que no tiene que ver con el tema a mano: "Si tu corazón es como mi corazón, dame tu mano" (10:15, parafraseado).

Podríamos identificar el problema que está tratando Wesley aquí como sectarismo. El sectarismo esencialmente es un apego fanático a los principios, prácticas e intereses de una denominación. Surge entre los cristianos porque no podemos evitar llegar a distintas convicciones sobre nuestras creencias y prácticas. Por lo tanto, estaremos en desacuerdo sobre creencias fundamentales, sobre modos de adoración, sobre prácticas sacramentales, sobre convicciones éticas y así por el estilo. En otras palabras, dada nuestra falibilidad y dada nuestra libertad de consciencia, los cristianos formularán visiones que entran en competencia unas con otras. Dada nuestras diferencias de opinión, nos uniremos a diferentes congregaciones; no podemos en este punto imponer nuestras ideas sobre otros creyentes. Así que, ¿cómo hemos de relacionarnos unos con otros en estas circunstancias? ¿Cómo hemos de evitar caer en el pensamiento de que nosotros, y solo nosotros, somos los agentes de Dios que tienen la verdad y la gracia? La solución de Wesley fue buscar acuerdo en el conjunto fundamental de creencias teológicas y compromisos morales, y luego estimular la tolerancia en asuntos de opinión. Más allá de esto, los cristianos tienen que amarse unos a otros en palabra y hecho, orar unos por otros y motivarse al amor y las buenas obras.

Esta solución es más fácil de implementar que de enunciar. Así las cosas, necesitamos saber cuáles son las creencias fundamentales que todos tienen que aprobar formalmente. Aquí Wesley suple una lista de elementos esenciales que es intimidante hasta el extremo. La letra pequeña recorre toda la gama desde creencias sobre Dios, sobre Jesucristo y la justificación por la fe, hasta prácticas tales como el amor a Dios, la pureza de intención, y el amor al prójimo en cuerpo y alma. Por un lado, Wesley está haciendo trampa al hacer contrabando de sus propias doctrinas favoritas. Por otro lado, está sencillamente equivocado porque ha dejado por fuera, por ejemplo, la persona y obra del Espíritu Santo. En otras partes Wesley suple diferentes listas de creencias esenciales, de tal manera que añade a sus problemas el vicio de la inconsistencia.

Sin embargo, también hay sabiduría. Wesley deja en claro que no hay mérito en el cristianismo insípido. No puede haber

indiferencia ante todas las opiniones. Eso es el engendro del infierno, no el renuevo del cielo. Esta inestabilidad del pensamiento, esto de ser llevados por doquiera de todo viento de doctrina, es una gran maldición, no una bendición; un enemigo irreconciliable, no un amigo, del verdadero catolicismo. Una persona de verdadero espíritu católico no anda todavía a la búsqueda de su religión. Se encuentra firme como el sol en su juicio acerca de las ramas principales de la doctrina cristiana. Es cierto que está siempre preparado para escuchar y ponderar cualquier cosa que pueda serle presentada en contra de sus principios. Pero así como esto no muestra ninguna oscilación en su propia opinión, tampoco se la ocasiona. No vacila entre dos opiniones, ni se esfuerza vanamente para combinarlas en una sola.[51]

Habiendo establecido para sí los grandes temas de doctrina y práctica, y habiendo dado a otros el mismo espacio moral y teológico, el amor tiene que regir supremo. El corazón del cristiano tiene que agrandarse hacia todos; él o ella "abraza con afecto fuerte y cordial a los prójimos y extraños, amigos y enemigos."

ESTAR ENFERMO Y CON DINERO EN EL BANCO

Los últimos dos problemas tratados líneas atrás surgen porque los cristianos instruidos en la versión del cristianismo de Wesley viven en el mundo y en la iglesia. La intolerancia religiosa y el sectarismo son esencialmente pecados sociales; surgen porque tenemos que relacionarnos con otras personas. Sin embargo, hay algunos pecados que surgen más puramente desde adentro. Como en el caso del fanatismo espiritual, esto es cierto para otros dos problemas que Wesley atacó: la depresión espiritual y la incapacidad para manjar el dinero espiritualmente. Podemos seguirle el rastro a la etiología[52] de estas dos enfermedades espirituales de esta manera. La depresión espiritual fue un serio problema en metodismo primitivo porque Wesley puso el estándar de santidad muy alto para el convertido. Por lo tanto, fallar era altamente probable para el cristiano ordinario. El manejo del dinero se convirtió en un problema porque, dada la disciplina inculcada por Wesley, muchos de los nuevos convertidos inevitablemente se hicieron ricos. Exploremos estos problemas más a fondo y veamos cómo Wesley trató con ellos.

Imagine a algunas personas que ya son convertidas y han comenzado a meditar en los puntos de vista de Wesley sobre la perfección cristiana. Son impactados por la afirmación de Wesley de que es posible ser libres de los malos pensamientos; le dan vuelta a esta idea en sus mentes. De repente los golpea el hecho de que su pensamiento es caótico. No pueden controlar lo que piensan; su mente simplemente divaga por todas partes. De tal forma que, ¿cómo podrán algún día ser perfectos? ¿Cómo podrán alguna vez llevar cautivo cada pensamiento que tengan a Jesucristo? No es de sorprenderse, al meditar en estas preguntas, que ellos desarrollaran un mal caso de depresión espiritual. No pueden comprender cómo alcanzar la perfección cristiana y se vuelven espiritualmente deprimidos. La solución de Wesley para esto fue hacer una distinción. Hay dos clases de pensamientos errantes. Están esos pensamientos que se producen cuando nos descarriamos de Dios en nuestro pensar, y están aquellos pensamientos que se producen simplemente cuando nos apartamos de un punto particular que nos ocupa. Estos últimos pensamientos no están bajo nuestro control. Cambian con el estado del tiempo, la condición de nuestros cuerpos, nuestra salud mental y el estado actual de la guerra espiritual con el enemigo de nuestras almas. Son elementos constitutivos de la naturaleza humana; por lo tanto, tenerlos no es una forma de pecado. Tener la segunda clase de pensamientos errantes no es del todo inconsistente con el amor perfecto. Así que necesitamos reajustar nuestro sentido de lo que significa tener nuestras vidas sometidas a la voluntad de Dios. Correctamente entendido podemos, por medio de la gracia de Dios, tener una vida de pensamiento donde nuestra orientación fundamental es que todo pensamiento sea gobernado por nuestro amor por Dios y nuestro prójimo.

Considere ahora un problema ligeramente diferente. Somos atraídos a la visión robusta y optimista de Wesley sobre la vida cristiana. Sin embargo, estamos encerrados por los tropiezos en todo lado. No podemos creer que Dios nos ama como se especifica en los evangelios. Logramos sobreponernos a esto, llegamos hasta la justificación y la regeneración, ganando hasta cierto grado algo de seguridad. Pero luego pegamos contra un obstáculo en el camino. Perdemos nuestro gozo y paz; nos enfermamos y naturalmente nos preocupamos por el juicio que espera adelante; observamos el progreso que hemos hecho y parece tan escaso; comenzamos a escuchar a los críticos y escépticos; nos ponemos envidiosos y celosos de aquellos que han sido cambiados por Dios e inmersos en su gracia. En resumen, nos damos por vencidos en seguir hacia la perfección porque hemos sido molidos por el enemigo hasta la desesperación. La solución de Wesley en este caso es encaminarnos de regreso al camino e insistir en que permitamos a Dios obrar como lo considere adecuado. Tenemos que parar de atormentarnos a nosotros mismos, parar de tomarnos la temperatura espiritual, mantenernos enfocados en la meta fijada para nosotros en el evangelio y avivar el don de Dios dentro de nosotros. Suficiente para el día es la gracia dada a nosotros. Así que tomemos un día a la vez y permitamos a Dios obrar cómo y cuándo lo considere adecuado.

Está claro a esta altura lo que Wesley ha estado haciendo en este último conjunto de sermones dentro del corpus canónico. Wesley está respondiendo a problemas obvios que surgirán naturalmente para aquellos que van en el viaje de fe tal como se los había enseñado. Regresa de nuevo a los primeros principios de tal manera que la gente entienda realmente el pecado, la perfección cristiana y el nuevo nacimiento. Y Wesley está enfrentándose exitosamente a desafíos espirituales convencionales (por ejemplo: periodos de oscuridad espiritual, dolor y pena espirituales, auto negación, incapacidad para controlar la lengua).

Dentro de esta red de problemas Wesley estaba especialmente preocupado por el efecto del dinero en la vida espiritual. Podemos fácilmente entender la razón. La mayoría de los convertidos de Wesley provenían del extremo más bajo de la escala social. Al llegar al metodismo no solo encontraban un nuevo comienzo en la vida y un nuevo propósito para vivir, sino que también eran iniciados en un conjunto de disposiciones y habilidades que fácilmente los hizo subir por la escalera social. Se hicieron confiables y disciplinados; aprendieron a hablar por sí mismos en privado y en público; comenzaron a leer y fueron introducidos a todo un nuevo mundo de aprendizaje; dejaron de beber y de acceder a sus deseos; se volvieron ahorrativos y formales. Consecuentemente, se hicieron ricos y ascendieron socialmente en el mundo. En el proceso, fueron seducidos nuevamente por el mundo del dinero y todo lo que ponía a su disposición.

Wesley estaba profundamente frustrado por este desarrollo. En algunos de sus últimos sermones llegó muy cerca de la desesperación. En una ocasión lamentó que no hubiera impuesto un código de vestimenta a sus convertidos y que no les hubiera demandado que le trajeran todo su dinero excedente para su dispersión entre los necesitados. En otra ocasión Wesley trató de exponer los argumentos para que aquellos que estaban bajo su cuidado espiritual tuvieran el deber claro de obedecerlo en todo, hasta en las cosas secundarias de la vida cristiana. En estos ejemplos vemos a Wesley coqueteando con una visión alternativa del metodismo; sin saberlo, había visualizado su movimiento como una orden laica dentro de la iglesia mayor. Sin embargo, sabía que el dado había sido tirado y que no había regreso al principio para comenzar todo otra vez.

Sin embargo, todavía podía hacer lo que podía. El último sermón canónico de Wesley es su mejor oportunidad para abordar el problema del dinero. Trata exitosamente con tres reglas, que bien pueden ser puestas en una tarjeta postal: gana todo lo que puedas, ahorra todo lo que puedas y da todo lo que puedas. De manera típica Wesley lo aclara muy enfáticamente en el clímax:

No tenemos nada que ver con las costumbres paganas. No seguimos a los humanos, más de lo que ellos siguen a Cristo. Escúchale a él. Sí, hoy, entre tanto que se dice hoy, escuchemos y obedezcamos su voz. A esta hora y a partir de esta hora, hagamos su voluntad. Cumplamos con sus enseñanzas en esto y en todas las cosas. Yo les ruego, en el nombre de Jesucristo, que actúen a la altura de la dignidad de su llamado. ¡No más pereza! Todo lo que te viniere a la mano para hacer, hazlo según tus fuerzas. ¡No más desperdicio! Dejemos de gastar en lo que demandan la moda, los caprichos, la carne y la sangre. ¡No más ambición! Usemos, más bien, lo que Dios nos ha confiado para hacer lo bueno, todo el bien posible, en todas las formas e intensidades posibles. Hagamos el bien a nuestra familia de la fe y a toda la humanidad.[53]

La teología de Wesley es una teología que mete la mano totalmente en nuestras billeteras.

Capítulo 9
PROVIDENCIA Y PREDESTINACIÓN: DOBLE O NADA

EN LA BARRA DE EQUILIBRIO

A esta altura el lector perceptivo bien podría comenzar a preguntarse si la teología de Wesley no está irremediablemente desentonada. Wesley da la impresión de estar obsesionado con las doctrinas centrales de la vida cristiana, con la obra de Dios en las profundidades más íntimas de la persona humana. De seguro, a través de sus doctrinas de la justificación, regeneración, santificación y seguridad, escucharemos el sonido de las doctrinas clásicas de la fe. Sin embargo, todavía no estamos satisfechos. ¿Está la acción de Dios confinada al alma? ¿No está Dios obrando en la creación y la historia? Más positivamente, dada la atención aguda que Dios prodiga a los creyentes, ¿no sugiere esto un conjunto de opciones de parte de Dios que nos llevan al vecindario de la predestinación divina?

El material que vamos a cubrir en este capítulo no está cubierto formalmente en los sermones canónicos.

No cae, por lo tanto, dentro de los límites de lo que Wesley consideró que eran los elementos esenciales de la verdadera religión. De hecho, lo que sigue a continuación es sorprendente, dada la imagen convencional de Wesley que se mueve erráticamente en la historia de la teología. Sin embargo, hay mérito en darle atención. Podemos redondear nuestra descripción de la teología de Wesley, notando de nuevo cuán dependiente es de supuestos provenientes de un trasfondo más amplio y que son usualmente tomados como la médula de la teología cristiana. Para cuando terminemos también veremos que la doctrina de la vida cristiana nunca está lejos del ángulo de visión de Wesley. Él se ocupa de los tópicos de la providencia y la predestinación en varias ocasiones, precisamente porque tienen relación con su visión de la fe.

La tendencia a moverse más bien de manera rápida hacia el significado práctico de la doctrina es fomentada por dos notables características del pensamiento de Wesley que aplican en todos los niveles de su teología. Primero, era reservado y cauteloso en su concepto del lugar de la razón humana en la teología. Wesley estaba convencido de que la teología tenía que estar basada en la revelación divina. Por supuesto, una vez que la revelación estuvo disponible en la Escritura, la razón fue esencial para comprenderla, pero Wesley afirmó que tenemos que apegarnos a lo que Dios ha revelado y no desviarnos más allá de este límite. En el caso de la providencia y la predestinación, Wesley se mantiene cercano al texto de la Escritura, los oráculos de Dios.

Segundo, Wesley era cauteloso en cuanto hasta dónde podemos realmente comprender a Dios; acertadamente dependemos de la analogía, pero tenemos que reconocer los límites que el concepto de Dios impone sobre nuestro pensamiento. Al considerar la providencia y la predestinación estamos pensando en ciertos tipos de acción divina. El peligro es que vamos a concebir la acción divina en términos insensatamente literales:

> Las obras de la providencia y de la redención son vastas y estupendas, y por eso nos inclinamos a concebir a Dios deliberando y consultando respecto de ellas y luego decidiendo de acuerdo "al consejo de su voluntad", como si, mucho antes de que el mundo fuera creado, él hubiese concertado medidas con respecto a su creación y gobierno y hubiese entonces escrito sus decretos, que no se alterarían: como las leyes de los Medas y los Persas. Tomar esta consulta y decisión li-

teralmente sería tan absurdo como adscribir un cuerpo humano y pasiones humanas al eternamente bienaventurado Dios.[54]

En el caso de Dios los efectos de la acción divina, digamos, de consulta y decretos, son los mismos que en el caso humano, pero claramente no hay "necesidad de consulta de un momento en Él que todo lo ve en un solo vistazo". Al establecer contacto con nosotros Dios felizmente condesciende a nuestro nivel de pensamiento y habla. Uno sospecha que esta clase de reserva dejó a Wesley más tranquilo aunque insistía que "las palabras humanas no alcanzan para describir los sentimientos del alma colmada de Dios."[55]

CUIDANDO DEL UNIVERSO

A pesar de estas capacidades, Wesley desarrolló una doctrina muy robusta de la providencia divina. Estaba convencido por revelación divina que Dios estaba íntimamente obrando en todo evento que ocurría en espacio y tiempo. Podría haber indicios de esta verdad fuera de la revelación especial, pero solamente Dios podría dar un relato claro, consistente y perfecto de su manera de gobernar el mundo. "Aún los cabellos de su cabeza están contados" (Lucas 12:7). De seguro, este texto no debe ser leído literalmente, pero su implicación es clara: "nada es tan pequeño o insignificante a la vista de los hombres como para no ser objeto del cuidado y la providencia de Dios, ante quien nada es pequeño en relación con la felicidad de cualquiera de sus criaturas".[56]

Las presuposiciones de esta afirmación para estar en estrecha relación con la presencia divina fueron, para Wesley, las doctrinas clásicas estándar de la creación y la preservación del universo. Dios hizo que existiera el mundo de la nada en su abundante complejidad. La manera en que Dios está presente es incomprensible; ni siquiera es probable que los ángeles lo comprendan, pero el hecho es cierto. Dado que Dios está presente en todo lugar, Dios ve y conoce todas las propiedades de todos los seres que hizo:

Él conoce todas las conexiones, dependencias y relaciones, y todas las maneras en que una de ellas puede afectar a las otras. En particular, Dios ve todas las partes inanimadas de la creación, sea arriba en el cielo o abajo en la tierra. Conoce cómo las estrellas, los cometas o planetas de arriba influyen en los habitantes de la tierra abajo; qué influencia tienen sobre nuestro planeta los cielos inferiores, con sus depósitos de fuego, granizo, nieve y vapores, vientos y tormentas. Y cuáles efectos podrían producirse en las entrañas de la tierra por medio del fuego, aire o agua; qué emisiones podrían levantarse de allí y cuáles cambios han surtido efecto de ese modo; cuáles efectos podrían tener cada mineral o legumbre sobre los hijos de las personas: todo esto yace expuesto y a simple vista del Creador y Preservador del universo.[57]

El conocimiento de Dios se extiende más allá de este punto para abarcar el mundo animal y humano. El conocimiento que tiene Dios sobre la creación concuerda con su cuidado por ésta: "Él es infinito en sabiduría así como en poder; y toda su sabiduría se emplea continuamente en administrar todos los asuntos de su creación para el bien de todas sus criaturas." La única restricción de la acción de Dios en este punto es que no puede subvertir su propia obra. No puede consistentemente despojar a los agentes humanos de la libertad genuina:

Porque Él creó al hombre a su propia imagen: un espíritu, como él mismo; un espíritu dotado de entendimiento, con voluntad o afectos, y libertad —sin la cual ni su entendimiento ni sus afectos podrían haber

sido útiles, ni habría sido capaz de inmoralidad o virtud. No podría ser un agente moral, más que un árbol
o una piedra. Si, por lo tanto, Dios fuera de este modo a ejercer su poder ciertamente no habría inmoralidad; pero es igualmente cierto, que tampoco habría
ninguna virtud en el mundo. Si la libertad humana
fuera quitada los hombres serían tan incapaces de virtud como las piedras . . . Toda la multiforme sabiduría de Dios (así como todo su poder y bondad) es
desplegada en gobernar al hombre como hombre; no
como a ganado o a piedras, sino como a un espíritu
inteligente y libre, capaz de escoger bien o mal.[58]

Dios gobierna el mundo sin anular la libertad
humana:

Un investigador atento puede fácilmente discernir
que todo el marco de la divina providencia está cons-
tituido de tal manera que proporciona al hombre toda
la ayuda posible, para que haga el bien y evada el mal,
lo cual puede hacerse sin convertir al hombre en una
máquina; sin hacerlo incapaz de virtud o inmoralidad,
recompensa o castigo.[59]

No obstante, dentro del mundo humano hay tres
círculos de providencia que representan tres diferentes
grados de cuidado. En el círculo exterior tenemos a
todos los agentes humanos esparcidos a lo largo de la
faz de la tierra; en el segundo círculo están todos los
que profesan ser cristianos; en el círculo interno están
los cristianos verdaderos,

aquellos que adoran a Dios, no solo en forma, sino que en espíritu y en verdad... Es a estos en particular que Él les dice: "Aún los cabellos de su cabeza están contados." Él ve sus almas y sus cuerpos: presta atención particular a todos sus temperamentos, deseos y pensamientos, todas sus palabras y acciones. Él señala todos sus sufrimientos, internos y externos, y la fuente desde donde surgen... Nada relativo a éstos es demasiado grande, nada demasiado pequeño, para su atención. Tiene su ojo continuamente, tanto sobre cada persona individual que es miembro de esta familia, como sobre cada circunstancia que tiene relación con sus almas o sus cuerpos, sea con su estado interior o con su estado exterior, en donde su felicidad sea actual o futura es de cuidado en cualquier grado.[60]

En lo que insiste Wesley, entonces, es en la doctrina de la providencia particular tanto como en la providencia general. La providencia es doble o nada. En el sentido general Dios obra mediante las leyes generales. Sin embargo, Dios está perfectamente en libertad de obrar a través de excepciones a estas leyes, es decir, por medio de milagros. Además, no hay providencia general sin providencia particular. Obrar por medio de toda la naturaleza requiere, por lógica, que Dios obre a través de las partes. Igualmente, negar que Dios obre a través de las partes, es negar la omnipresencia de Dios. ¿Está Dios cuidando el Círculo Polar Ártico pero no Texas? Claramente la omnipresencia requiere que creamos que Dios obra en todo lugar.

En cuanto a los detalles, Wesley deja eso a Dios. Se aparta de explicar cómo Dios puede fijar límites al mal o cómo Dios puede obrar para sacar bien a partir del mal humano. Su preocupación fundamental es pastoral. La doctrina de la providencia debería llevarnos a caminar humildemente con Dios y a ser agradecidos por las buenas nuevas. Sobre todo, debería enseñarnos a confiar en Dios en todas las cosas:

> ¿Qué hay en el cielo o en la tierra que pueda dañarte mientras estés bajo el cuidado del Creador y Gobernador del cielo y la tierra? Que toda la tierra y todo el infierno se combinen en tu contra —sí, toda la creación animada e inanimada —no pueden hacer daño mientras Dios esté de tu lado; su bondad favorable te cubre "como un escudo".[61]

Esta honda confianza en Dios no siempre fue fácil para Wesley. No obstante, es magníficamente visible en su propia vida, especialmente en torno a la pérdida del amor de su vida. Cuando su hermano Carlos estúpidamente intervino e hizo que Grace Murray se casara con un pretendiente rival, Wesley quedó devastado. Luego de que se promulgó el matrimonio, Wesley llegó a la escena media hora tarde. Al tratar de aceptar lo que había pasado, encontró cierto alivio trabajando en un sermón. A la postre Wesley no se echó atrás a la hora de atribuir el desastre a la providencia divina. Capturó la situación en un poema rociado con enojo reprimido, agonía y fe:

¡O Señor, inclino mi pecadora cabeza!
Justos son todos tus caminos con el Hombre.
Mas permíteme suplicarte,
Con humilde reverencia quejarme:
Con profunda e inexpresada pena gemir,

O, ¿qué es esto que tú has hecho?
Enséñame de cada trampa agradable
A guardar los asuntos de mi corazón:
¡Sé tú mi Amor, mi Gozo, mi Temor!
¡Tú eres mi porción eterna!
Sé tú mi siempre fiel Amigo,
Y ámame, o ámame, hasta el final.

POLÍTICAS Y PLANES PARTICULARES

El asunto de la confianza en Dios también surge en el concepto que tiene Wesley de la predestinación. La imagen popular de Wesley es aquella de un gran enemigo de la doctrina de la predestinación. Sus variadas y vigorosas arremetidas contra la predestinación son tomadas como prueba de que rechazaba totalmente toda la noción y no encontró ningún valor en ella. Esta es una lectura equivocada de Wesley y una lectura que pasa por alto el sustento espiritual e intelectual que obtuvo como resultado de su concepto de la doble predestinación.

Creo que esta falsa lectura y esta aprobación tácita de la oposición de Wesley a la predestinación es un error fatal para la teología, que ignora el gran valor de un concepto robusto de la predestinación para hoy. Necesitamos recuperar nuestro brío en este punto y encontrar una manera de retomar la perspectiva de Wesley. El desafío que enfrentamos es enorme.

La perspectiva estándar de la predestinación es muy simple. En la eternidad Dios ha decretado que ciertas personas (los elegidos) se salvarán y ciertas personas (el resto) serán condenados. En el tiempo correcto Dios implementa este decreto al dar gracia preveniente, justificadora y santificadora a los elegidos. Los demás son dejados en sus pecados para ser condenados para siempre debido a su maldad. A pesar del profundo malestar que produce este concepto de la predestinación, se resiste vigorosamente en los corredores de la iglesia. Podemos fácilmente ver por qué. Esta perspectiva se puede fácilmente leer de corrido en ciertos pasajes familiares de la Escritura. Engendra un sentido de humildad intelectual ante el misterio divino. Está desarrollada en versiones unas más débiles y otras fuertes por las grandes mentes de la iglesia, entre ellos el gran Agustín. Es de ayuda explicar por qué algunas conversiones son tan dramáticas. (En algunos casos las personas son atraídas por Dios; no se trata de que se sentaron y tomaron algún tipo de decisión sobre la salvación). Se da todo el crédito a Dios por la salvación. Y le brinda una seguridad profunda al creyente. Por otro lado, si la salvación depende de nuestras débiles y frágiles voluntades, las posibilidades de condenación son bastante altas. Si tenemos que escoger entre el determinismo divino total y la condenación, entonces con seguridad deberíamos optar por el determinismo divino. Por otro lado, si Dios determina el curso total de la salvación de principio a fin, sabemos que una vez que somos salvos, siempre seremos salvos. Una vez que nos montamos en el tren de la salvación, no es posible bajarnos, y el tren llegará a su destino final contra viento y marea.

Wesley estaba bien consciente de tal concepto de la predestinación, aún así, no se abstuvo del lenguaje de decretos ni de la predestinación. Vale la pena hacer una pausa para escucharlo por un largo rato:

Sí, el decreto se ha dado; y así era antes de la fundación del mundo. Pero, ¿cuál decreto? Aún este: "Yo pongo delante de los hijos de los hombres 'la vida y la muerte, la bendición y la maldición.' Y el alma que escoja la vida vivirá, y el alma que escoja la muerte morirá." Este decreto, mediante el cual "a los que antes conoció, también los predestinó," era ciertamente infinito; este decreto, por cuyo medio todos los que dejen que Cristo les dé vida son "elegidos según la presciencia de Dios," ahora se mantiene firme, aún como la luna, y como el testimonio fiel en el cielo; y cuando el cielo y la tierra pasen, aún este decreto no pasará; porque es tan inmutable y eterno como lo es el ser de Dios que lo dio. *Este decreto produce el estímulo más fuerte para abundar en toda buena obra y en toda santidad, y es una fuente de gozo y de felicidad también, para nuestro grande y eterno consuelo.*[62]

Se lo diré con toda sencillez y claridad. Creo que [la elección], comúnmente, significa una de estas dos cosas: Primero, un llamado divino a ciertas personas en particular para que cumplan una misión particular en el mundo. Creo que esta elección no sólo es personal, sino también absoluta e incondicional. Así fue elegido Ciro para reconstruir el templo; así fue elegido San Pablo, junto con los doce, para predicar el evangelio. Pero no hallo que esto necesariamente guarde relación con la felicidad eterna. Es más, creo que está claro que no hay relación alguna, ya que alguien elegido de este modo, puede, sin embargo, perderse eternamente. «¿No os he escogido yo a vosotros los doce», dijo nuestro Señor, «y uno de vosotros es diablo?» Ahí tienen a Judas, que fue elegido junto con el resto y, sin embargo, se reunió con el diablo y sus ángeles. En segundo lugar, creo que la elección es un llamado divino que reciben algunas personas para alcanzar la felicidad eterna. Pero considero que esta elección es condicional, al igual que su contrapartida, la reprobación. Creo que la voluntad eterna con respecto a ambas se pone de manifiesto en las siguientes palabras: "El que crea será salvo; pero el que no crea, será condenado." No hay duda de que Dios no cambiará su voluntad, y los humanos no pueden oponerse a ella. Según esta norma, la Escritura llama "elegido" a todo verdadero creyente, en tanto que los que permanecen en incredulidad son considerados réprobos, es decir, no son aprobados por Dios y no poseen discernimiento en cuanto a las cosas del Espíritu.[63]

La soberanía de Dios se expresa en (1) la promulgación del siguiente decreto, desde la eternidad, con respecto a los hijos de los hombres: El que crea, será salvo; pero el que no crea, será condenado; (2) en todo lo referido a la creación: el tiempo, el lugar, y el modo de la creación; cantidad y especies de criaturas, visibles e invisibles; (3) en la distribución de dones a los seres humanos: ciertos dones a unos y otros dones a otros; (4) la determinación del tiempo, lugar y demás circunstancias (tales como padres, familiares) que rodean el nacimiento de cada ser humano;

(5) derramar los diversos dones de su Espíritu para la edificación de su Iglesia; (6) ordenar todas las cuestiones temporales, tales como salud, fortuna, amigos, todo, excepto la eternidad. Resulta evidente que las decisiones con respecto al estado eterno de los seres humanos (únicamente admito lo que señalé en el primer punto) no están guiadas sólo por su soberanía sino por su justicia, misericordia y verdad. El gobernador de cielo y tierra, el YO SOY, por sobre todas las cosas, el Dios por siempre bendito, se guía por ellas en todas sus decisiones, y son ellas quienes preparan el camino para llegar a él. Tal es su voluntad eterna e irresistible la cual nos reveló por medio de su Espíritu. Esto lo afirmó tan categóricamente que agregó un juramento a su palabra, y como no había nada más grande por lo cual jurar, lo juró por él mismo: "Vivo yo, dice el Señor, que no quiero la muerte del que muere." No se puede atribuir «la muerte del que muere» a los deseos o a la voluntad soberana de Dios. Es absolutamente imposible. Desafiamos a toda la humanidad a encontrar una sola prueba en las Escrituras que demuestre claramente lo contrario. No encontrarán en la Escritura ni un solo texto que pruebe que Dios alguna vez condenó eternamente a alguien actuando simplemente como soberano. No hay testimonios de que lo haya hecho con quienes ya pasaron por este mundo, ni de que lo hará con los que han de nacer.[64]

El centro de las convicciones de Wesley sobre la predestinación está arraigado en el profundo sentido de la realidad y providencia superintendente de Dios que tenía Wesley. Para él, Dios es realmente un agente que hizo el mundo y conoce desde el principio lo que va a suceder con éste. De esta forma, desde "antes de la fundación del mundo" Dios puede diseñar una salida para el pecado que nos ha acontecido. Hay aquí una profunda fortaleza en el concepto de Wesley sobre Dios. Este Dios no es un débil; no es una deidad que inventa las reglas en el camino; no es una deidad lamentosa que es atrapada somnolienta por el carácter recalcitrante e ingenuidad de los agentes humanos; este no es un Dios que está adivinando lo mejor que puede qué harán los agentes humanos, para luego ajustar el plan del juego. Este es un Dios que está detrás de todo el universo: omnipresente, omnisciente y amando totalmente a toda la creación. Dios ha hecho un mundo bueno que se ha extraviado, está totalmente comprometido con su sanidad, tiene un plan que ha sido implementado y que no se va a echar atrás con ese plan por ninguna razón.

Dentro de este plan, Dios ha decretado críticamente dos políticas inalterables. Primero, Dios ha decretado que un grupo se salvará y otro no se salvará; hay un cielo y un infierno, y Dios decide quienes van a esos lugares. De este modo, hay un concepto de la *doble* predestinación. Wesley evita todos los intentos por evadir esta decisión disyuntiva. Decir que Dios escoge un grupo y pasa por alto el resto es un engaño intelectual. En la práctica, pasar por alto un grupo de personas y dejarlas permanecer en sus pecados es decidir que serán condenadas. Segundo, la distinción entre estos dos grupos, aunque conocida por Dios por anticipado, es determinada por la decisión de estos grupos de aceptar o rechazar la misericordia de Dios en Cristo. De esta manera, la predestinación involucrada es *condicional*. Dios ha decretado que aquellos que creen serán salvos; aquellos que no creen no serán salvos. Para Wesley esto era simple y claro. Dios hace el decreto, pero el decreto no excluye la libertad y agencia humana genuina; ciertamente, edifica el ejercicio de tal libertad en el contenido mismo del decreto.

Estos dos elementos de la propuesta de Wesley están puestos en el contexto de una visión poderosa de la eternidad de Dios, de tal manera que la "presciencia", el "decretar," "diseñar," "decidir" y términos semejantes que atribuimos a Dios son referidos con calificación y reserva apropiadas. Como notamos anteriormente, Wesley pone entre paréntesis todo en este nivel con mucho cuidado, pero una vez que los paréntesis son reconocidos, él es incesante en hacer presión. Su preocupación más honda es que la versión calvinista rival (de la elección *incondicional* y la doble predestinación *incondicional*) es moralmente indignante, convirtiendo a Dios en un tirano desagradable. Wesley está tan seguro de su terreno teológico en este punto que aun está preparado para insistir en que cualquier interpretación de la Escritura que respalde la visión calvinista tiene que estar equivocada; es nada menos que blasfemia.

Mucho de lo que escribió Wesley sobre la predestinación es negativo y polémico. Se esfuerza mucho por mostrar la rareza de la posición calvinista, cómo socava la práctica y la santidad de la iglesia, cómo siembra las semillas de la duda y el desasosiego, cómo los textos usados para apoyarla en realidad no lo hacen, y otros argumentos por el estilo. Quizás esta es la razón por la que muchos cristianos modernos han abandonado toda conversación sobre la predestinación o los decretos. Compartiendo la indignación moral de Wesley, sienten que toda conversación sobre la predestinación hace que se les ponga la piel de gallina. Como dice Wesley, "¡Tal blasfemia, pensaría uno, le haría doler los oídos al cristiano!"[65] Los nietos espirituales de Wesley generalmente han pensado que toda y cada doctrina de la predestinación tiene que ser dejada a un lado para siempre. Es una sorpresa, entonces, ver a Wesley escribir, "este decreto produce el estímulo más fuerte para abundar en toda buena obra y en toda santidad, y es una fuente de gozo y de felicidad también, para nuestro grande y eterno consuelo." Esto se presenta como inesperado. ¿Cómo hemos de comprender esta sorprendente afirmación?

RESPALDO DIVINO PARA EL POPULACHO

Podríamos verlo de esta manera. El concepto de Wesley sobre la predestinación es una manera de dar firmeza a su doctrina de la justificación por la gracia mediante la fe. Si las personas vienen a Dios por medio de Cristo, entonces Wesley insiste que al hacerlo así realmente serán salvos; no deberían tener dudas sobre su estado y su destino. Realmente tienen acceso a la misericordia de Dios. ¿Por qué? No solo debido a un concepto vago y general de Dios como misericordioso y amante, sino debido a que Dios ha diseñado las cosas para que funcionen de esta manera, y no tiene intención de funcionar de ninguna otra forma. De este modo, suponga que el populacho de los gentiles aparece y son bautizados; luego son atacados por los buenos hermanos judíos diciéndoles que necesitan añadir la circuncisión o el guardar la ley como una condición extra para la sanidad de sus vidas. ¿Cómo podrían responder? Insistiendo en que es Dios quien ha planeado salvar por gracia y misericordia mediante la fe, y que Dios se apega a ese plan. Es Dios quien gobierna el universo y fija las políticas de sanidad para el mundo. Así que si alguna persona tiene algún problema con que Dios salve al populacho por medio del evangelio, que se arreglen con Dios. Suponga que alguien se queja de que esta política o decreto de Dios es injusto; que al final del día el populacho está llegando y obteniendo el mismo trato que los que comenzaron más temprano. ¿Cómo se tiene que manejar esto? Así: insistiendo en que lo que pensamos que es justo/injusto, no viene totalmente al caso. Nosotros no gobernamos el universo, Dios sí; así que si Dios decide tener misericordia de aquellos que creen en Jesús, no hay nada que nadie pueda hacer al respecto. Por lo tanto, bien podemos imaginar a los creyentes bajo este tipo de presión, encontrando en la doctrina de la predestinación "una fuente de gozo y de felicidad también, para nuestro grande y eterno consuelo."

Pero ¿qué podemos decir con respecto a la otra mitad del comentario de Wesley? ¿Podemos también decir que, "este decreto produce el estímulo más fuerte para abundar en toda buena obra y en toda santidad"? Creo que aquí la lógica funciona de manera similar pero no idéntica. La idea central es esta: cuando se es tentado a descartar la lucha contra el mal y a favor del bien como inútil, como algo muy difícil, entonces podemos animarnos con esto, que abundar en buenas obras y santidad es exactamente lo que Dios ha diseñado que hagamos y seamos. Así como los delfines están diseñados para juguetear en el océano y las águilas están diseñadas para remontar el cielo, los agentes humanos están diseñados para deleitarse en la bondad y la santidad. Nos guste o no, sea difícil o no, esta es la clase de vida que Dios ha diseñado para nosotros en Cristo. Dios ha diseñado el mundo y su obra de renovación y restauración de tal manera que la intención en Cristo no es tan solo que seamos perdonados, sino que abundemos ahora en buenas obras. De modo que, no tiene sentido renunciar; esta es la forma misma del universo como ha sido diseñado en Cristo. El plan permanece en su lugar sin importar qué suceda; Dios ha decretado que todo funcione de esta manera. Tarde o temprano, esto es lo que seremos en Cristo, así que debemos descansar totalmente en nuestro destino y cobrar ánimo. Los adolescentes están diseñados para crecer y actuar responsablemente, por eso es por lo que los animamos a que crezcan y sean lo que se supone que deben ser. Todos los seres humanos están diseñados para ser intoxicados con el amor hacia Dios y al prójimo, así que debemos dejar de perder el tiempo y despabilarnos. Al seguir la corriente de nuestro destino en Cristo, encontraremos verdadera felicidad y realización.

Estas observaciones encajan con aquellos eruditos que consideran como crucial el sentido de tiempo y eternidad que posee Wesley en el entendimiento de su teología. El concepto eterno de Wesley era el de una persona adicta al trabajo: aún cuando muramos podemos ayudar en la batalla entre el bien y el mal. Justo cuando esperábamos un descanso, se nos da una nueva asignación de trabajo. Lo que es más, Wesley tenía una confianza excepcional en sí mismo, al defenderse de las turbas, de la crítica y de la hostilidad con una calma asombrosa y aún seguridad. Su incesante búsqueda de renovación en la iglesia y la nación de su día es asombrosa por su persistencia e intensidad. Es difícil creer que estos rasgos de su carácter y comportamiento no están relacionados con su profundo sentido del Dios muy específico que adoraba y servía.

Dios era parte del aire que respiraba. El Dios de Wesley no era el Dios genérico del simple teísmo, ni el Dios osito de peluche de la muy popular creencia liberal, ni el Dios activista de la ortodoxia académica contemporánea. No hay ninguna pista de pasividad, sentimentalismo o agresión en el concepto de Dios que tenía Wesley. Para Wesley, Dios es perfecto, amante, omnipresente, omnisciente, evidente en la historia como trino, y así sucesivamente. Podía recitar de corrido los atributos de Dios, los hechos redentores de Dios en la historia y la acción de Dios en el agente humano, con facilidad y flexibilidad de expresión. No obstante, esto era el fruto de algo más profundo, a saber, su perdurable sentido de los propósitos de Dios, realizados por parte de Dios con total compromiso en la esfera del tiempo y la eternidad. Fue este muy particular Dios del tiempo y la eternidad quien diseñó el universo y se ocupó en arreglarlo cuando perdió su camino y se fue en pos del mal, el sufrimiento y la muerte. Fue maravilloso saber personalmente que uno fue realmente perdonado, aceptado y redirigido hacia la salud y felicidad por este Dios; Wesley fue incesante en dar a conocer este tema en tiempo y fuera de tiempo. Sin embargo, fue aún mejor vivir cada día, sabiendo que este Dios no era ningún tonto y sabiendo que absolutamente nada detendría la marcha hacia la realización final de los decretos y planes que habían sido resueltos antes de la fundación del mundo. Wesley no necesitó explicar extensamente los decretos de Dios para sí mismo y para otros; los sintió en sus huesos y los vivió en la punta de sus dedos.

Es una sorpresa para nosotros que una doctrina de la predestinación pueda funcionar así, pero creo que Wesley tiene profundamente la razón en cuanto a su evaluación. La predestinación en cualquier forma es una fuerte medicina. Es una medicina cuya prescripción deberíamos de considerar seriamente recetar de nuevo para nuestro tiempo actual.

Notas

CAPÍTULO 3

[1] Juan Wesley, "Sermón 45," *Obras de Wesley*, Tomo III, pp.105-106.
[2] op. cit., p. 107.
[3] Juan Wesley, "Sermón 26," *Obras de Wesley*, Tomo II, p. 153.
[4] Juan Wesley, "Sermón 7," *Obras de Wesley*, Tomo I, pp. 144-145.
[5] Juan Wesley, "Martes, 23 de agosto," *Obras de Wesley*, Tomo XI, pp. 192-193.

CAPÍTULO 4

[6] Juan Wesley, "Carta a un laico evangélico," *Obras de Wesley*, Tomo XIII, p. 271.
[7] Nota del traductor (NT): "Quietista" se refiere al movimiento espiritual, más que todo católico, que floreció en Europa occidental durante el siglo XVII. Enfatizaba la tranquilidad y la pasividad interna como requisitos de la perfección.
[8] Juan Wesley, "Sermón 19," *Obras de Wesley*, Tomo I, pp. 377-378.
[9] Juan Wesley, "Sermón 45," *Obras de Wesley*, Tomo III, p. 112.
[10] Ibíd.
[11] "Sermón 45," pp.112-114.
[12] NT: Esta frase se usa para referir a la región sureste de los Estados Unidos, donde predomina el protestantismo conservador tradicional.
[13] Juan Wesley, "Sermón 18," *Obras de Wesley*, Tomo III, p. 77.
[14] op. cit., p. 78.
[15] NT: El romanticismo es un movimiento literario-filosófico que surgió en Europa a partir de la segunda mitad del siglo XVIII como una respuesta a las ideas de la Ilustración. Enfatizaba el poder de las emociones, una conexión natural con el medio ambiente y la autoridad de la imaginación individual sobre el racionalismo rígido.

CAPÍTULO 5

[16] Juan Wesley, "Comentario sobre el evangelio de Mateo," *Obras de Wesley*, Tomo IX, pp. 333-334.

[17] Juan Wesley, "Comentario sobre la primera carta de Juan," *Obras de Wesley*, Tomo X, p. 418.

[18] Ibíd.

[19] Juan Wesley, "Sermón 40," Obras *de Wesley*, Tomo III, p. 7.

[20] op. cit., p. 12.

[21] op. cit., p. 28.

[22] Ibíd.

[23] Juan Wesley, "Sermón 43," *Obras de Wesley*, Tomo III, pp. 85-86.

[24] Ibíd.

[25] Juan Wesley, "Sermón 10," *Obras de Wesley*, Tomo I, pp. 194-195.

[26] Ibíd.

[27] op. cit., p.205

[28] Ibíd.

[29] op. cit., pp.206-207.

[30] Carta de la Duquesa de Buckingham a la Señora Huntingdon. Citada en Donald Dayton, "'Good News to the Poor': The Methodist Experience after Wesley," en *The Portion of the Poor*, ed. M. Douglas Meeks, p.69. Traducción nuestra.

CAPÍTULO 6

[31] Citado en Ronald Knox, *Enthusiasm* (Oxford: Clarendon Press, 1950) p. 506. Traducción nuestra.

[32] Juan Wesley, "Sermón 16," *Obras de Wesley*, Tomo I, p. 317.

[33] Ibíd.

[34] Traducción nuestra de parte del "Sermón 98," el cual no aparece en las Obras, sino en las *Works of John Wesley*, Tomo III, p. 385.

[35] Juan Wesley, "Sermón 16," *Obras de Wesley*, Tomo I, pp. 338-339.

[36] op. cit., pp. 337-338.

[37] Citado en R.E. Davies, R. George, et. al., eds., *A History of the Methodist Church in Great Britain*, vol. 3 (London: Epworth Press, 1983), p. 194. Traducción nuestra.

CAPÍTULO 7

[38] "Carta a Tomás Church, 17 junio, 1746," la cual no está en las *Obras*, pero sí en los *Works of John Wesley*, Tomo IX, p. 227. Traducción nuestra.

[39] Juan Wesley, "Sermón 34," *Obras de Wesley*, Tomo II, pp. 314-315.

[40] op. cit., pp. 315-316.

[41] op. cit., p. 316.

[42] Traducción nuestra de parte del "Sermón 110," el cual no aparece en las *Obras*, pero sí en los *Works of John Wesley*, Tomo III, p.485.

[43] op. cit., p. 483.

[44] op. cit., p. 485.

[45] Juan Wesley, "Sermón 36," *Obras de Wesley*, Tomo II, p. 355.

[46] op. cit. ("Sermón 36"), p. 348.

[47] op. cit., p. 353.

[48] Traducción nuestra de parte del "Sermón 105," el cual no aparece en las *Obras*, pero sí en las *Works of John Wesley*, Tomo III, p.425.

[49] Traducción nuestra de parte del "Sermón 107," el cual no aparece en las *Obras*, pero sí en las *Works of John Wesley*, Tomo III, p.452.

[50] NT: Senadora estadounidense, ex-candidata a la presidencia, y ex Primera Dama de los EE. UU.

CAPÍTULO 8

[51] Juan Wesley, "Sermón 39," *Obras de Wesley*, Tomo 2, pp. 413-414.

[52] NT: La etiología es el estudio sobre las causas y los origines de un fenómeno dado.

[53] Juan Wesley, "Sermón 50," *Obras de Wesley*, Tomo III, p. 218.

CAPÍTULO 9

[54] Juan Wesley, "Notas a la epístola a los Romanos," *Obras de Wesley*, Tomo X, pp. 112-113.

[55] op. cit., p. 116.

[56] Traducción nuestra de parte del "Sermón 67," el cual no aparece en las *Obras*, pero sí en las *Works of John Wesley*, Tomo II, p. 537.

[57] op. cit., p. 539.

[58] op. cit., p. 541.

[59] Ibíd.

[60] op. cit., p. 543.

[61] op. cit., p. 548.

[62] Traducción nuestra de parte del "Sermón 128," el cual no aparece en las *Obras*, pero sí en las *Works of John Wesley*, Tomo III, p. 558. El énfasis es del Dr. Abraham.

[63] Juan Wesley, "La predestinación: Una reflexión desapasionada," *Obras de Wesley*, Tomo VIII, pp.284-285.

[64] op. cit., pp. 326-327.

[65] Traducción nuestra de parte del "Sermón 128," el cual no aparece en las *Obras*, pero sí en las *Works of John Wesley*, Tomo III, p. 555.

www.ingramcontent.com/pod-product-compliance
Lightning Source LLC
Chambersburg PA
CBHW021625120626
46545CB00002B/406